세계를 이끌어 가는 미국 대통령

오바마 리더십

전도근 지음

우리는 할 수 있다
Yes, We Can

머리말

희망과 변화의 상징으로 떠오르며 전 미국을 사로잡은 사람이 있다. 바로 미국 역사상 최초의 흑인 대통령 버락 오바마가 바로 그다.

오바마는 아프리카계 혼혈 미국인으로 태어나 세상의 편견과 차별을 딛고 전 세계가 주목하는 정치인이 되었다. 그는 다인종·다민족·다문화 가정에서 자라면서 한때 술과 담배와 마약에도 손을 대며 불우한 청소년 시절을 보냈으나 좌절하지 않았다. 오히려 이러한 혼란스럽고도 아픈 경험을 통하여 세상을 널리 이해하는 눈과 남을 배려하고 화합하는 정신을 배우게 되었다.

오바마는 지역의 변화를 위해 지역사회 운동가가 되었고, 세상의 변화를 위해 법과 정치를 공부하면서 정치에 깊게 참여를 시작하였다. 그는 정치인이 되어서 천부적인 감성을 자극하는 연설로 지지자들을 증가시켜 나갔다.

오바마는 2004년 민주당 전당대회에서 진보와 보수, 인종 차별이 없는 하나의 미국을 지향하였다. 그리고 불안 속에서도 담대한 희망을 갖자고 역설하여 전국적 명성을 얻었고, 그해 흑인으로는 유일하게 연방 상원의원에 당선되었다.

오바마는 '변화와 희망'을 앞세워 2008년 8월 민주당 대통령 후보로 확정되어 대선에 출마하였다. 2008년 11월 5일, 오바마가 대통령에 당선되면서 미국은 역사상 최초로 흑인 대통령을 맞이하게 되었다.

세계를 좌지우지하는 초강대국 미국에 불어 닥친 이러한 변화의 바람에 전 세계인의 이목이 집중되는 것은 어쩌면 당연한 일인지도 모른다. 그동안 겉으로는 인종 간의 평등을 외치면서도 속으로는 인종차별을 뿌리 뽑지 못하던 미국 사회에서 새로운 역사가 쓰일 수 있는 전기를 마련하였다.

미국은 지난 반세기 동안 세계 최강대국으로 존재해왔지만 지금은 그동안 겪어 보지 못한 심각한 위기에 봉착해 있다. 금융위기로 인한 실물 경제의 침체, 그리고 테러 위협과 이라크 전쟁, 아프가니스탄 전쟁으로 인한 세계인의 비난으로 최강국으로서의 자존심에 큰 상처를 입었다.

이러한 미국에 희망과 변화라는 주제를 가지고 오바마가 혜성같이 나타난 것이다. 미국인들은 오바마를 통해서 그들의 희망을 보고 싶은 것이었다.

취임 후 이전 부시 정권의 일방주의 외교정책으로 교착 상태에 빠진 중동 평화회담을 재개하는 데 힘쓰고 핵무기 감축, 대화와 타협을 통한 국제 분쟁 해결, 기후 변화 대응 등에 노력하였다. 2009년 국제 외교와 인류의 협력 강화를 위하여 기울인 비상한 노력을 평가받아 노벨평화상 수상자로 선정되었고, 2012년에는 재선에 성공한 최초의 흑인 대통령이 되었다.

이 책은 청소년들의 꿈을 위해서 오바마의 성장 과정과 리더십을 알려주는 책이다. 우리는 이 책을 통해서 현실에 안주하지 않고 자신의 꿈을 위해 도전하는 오바마의 삶을 배울 수 있다. 이 책을 읽는 청소년 여러분도 오바마의 삶과 이상을 본받고, 어떤 시련에도 굴하지 않고 극복해 내는 멋진 리더가 되기를 바랍니다.

저자 전도근

가계도

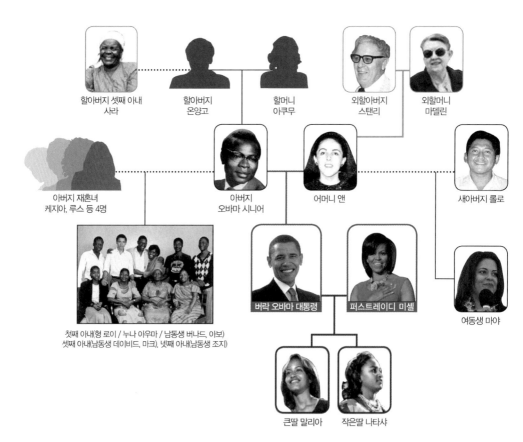

할아버지 셋째 아내
사라

할아버지
온양고

할머니
아쿠무

외할아버지
스탠리

외할머니
마델린

아버지 재혼녀
케지아, 루스 등 4명

아버지
오바마 시니어

어머니 앤

새아버지 롤로

첫째 아내(형 로이 / 누나 아우마 / 남동생 버나드, 아보)
셋째 아내(남동생 데이비드, 마크), 넷째 아내(남동생 조지)

버락 오바마 대통령

퍼스트레이디 미셸

여동생 마야

큰딸 말리아

작은딸 나타샤

목차

II. 꿈을 키우던 청년 시절 / 53

III. 대통령이 된 오바마 / 102

Ⅳ. 오바마의 위대한 리더십 / 133

V. 오바마의 멘토 / 183

VI. 오바마의 연설 / 199

01

외로운 소년 버락

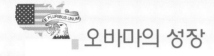 오바마의 성장

오바마의 어린 시절은 한마디로 정체성의 혼란기였다.

미국 출신인 열정적인 백인 어머니와 미래의 지도자를 꿈꾸는 케냐 유학생이었던 흑인 아버지의 사랑으로 태어났다. 그러나 오바마가 두 살 되던 해 바로 이혼을 하고 오바마는 다시 의붓아버지와 함께 인도네시아에서 유년기를 보냈다.

자신은 흑인 혼혈인데 반해 아버지는 흑인이고 어머니는 백인이었으며, 나중에는 동양인 새아버지에 동생은 동양인 혼혈인으로 자신이 어떤 뿌리인지 알 수가 없었다.

더욱이 기독교가 지배하는 미국의 하와이에서 의붓아버지를 따라 이슬람교가 지배하는 인도네시아의 자카르타로 가서 유년 시절을 보낸 후 다시 외할아버지와 외할머니의 손에 맡겨져서 하와이에서 생활하게 된 오바마는 문화에 대해서도 적응하기가 어려웠다.

오바마는 자라면서 세상의 모진 냉대와 차별 속에서 방황하며 어린 시절을 보냈다. 그런 시련과 한계를 극복하기 위해 도전이 극적일 수밖에 없었고 용기와 집념이 지금의 그를 있게 한 것이다.

이처럼 특이한 출생 배경과 성장 환경으로 인해 버락 오바마는 아메리카와 아프리카, 아시아계 인종의 가족과 다양한 문화적 체험을 자산으로 갖게 되었다. 오프라 윈프리는 자신의 토크쇼에서 오바마의 가족을 일컬어 '미니 UN'이라 표현하기도 했다.

01 혼혈아로 태어나다

버락 오바마는 1961년 8월 4일 미국 하와이 주의 호놀룰루에서 케냐 출신의 하와이대학 유학생인 흑인 아버지 루오족 버락 오바마 시니어와 영국계 미국인 어머니 스탠리 앤 던햄 사이에서 태어났다.

오바마의 외할아버지는 1960년에 오바마의 어머니 던햄이 고등 학교를 졸업한 후 새로운 일을 찾아서 하와이로 이사를 했다. 오바 마의 어머니 던햄은 자연스럽게 하와이 마노아에 있는 하와이대학 교에 입학했다.

오바마의 어머니는 그 학교에서 러시아어 수업을 듣다가 아프리 카 학생이었던 버락 오바마 1세를 만났다. 아버지는 어눌하고 수줍 음 많던 열여덟 살의 미국인 소녀를 만나서 사랑에 빠졌다. 두 사람 은 서로 사랑하게 되어 어머니 던햄은 임신을 하였다.

당시 미국의 절반 정도에서는 흑인과 백인이 결혼하는 것을 사회적 관습으로 허용하지 않았기 때문에 결혼이 어려웠다. 그러나 하와이에서는 다양한 인종이 섞여 있었기에 가능했다.

하지만 외할아버지는 텍사스에 살면서 겪은 인종차별 때문에 결혼을 반대하였다. 자신의 딸이 흑인과 결혼하게 되면 자신의 딸도 인종차별에서 자유롭지 못하고, 외손자마저 혼혈인으로 태어나 인종차별의 어려움을 경험하게 될 것이었기 때문이었다.

그러나 버락 오바마 1세가 지속적으로 설득한 결과 인종차별이 옳지 않다는 것을 깨닫고 허락하였다.

결국 던햄은 18세의 나이로 1961년 2월 2일에 하와이 제도의 마우이 섬에서 결혼하였으며, 같은 해 버락 오바마가 태어났다.

아버지 버락 오바마 1세는 아들에게 자신의 이름과 같은 버락 오바마로 이름을 붙여주었다. 아랍어로 '축복받은' 이란 의미를 지닌 '버락' 이라는 이름을 물려받았지만, 어린 시절은 결코 순탄치 않았다.

| 오바마의 어머니 던햄과 함께

| 오바마의 어린 시절

TIP

오바마는 백인 어머니와 흑인 아버지 사이에서 태어났다. 그리고 두살 때 아버지와 어머니가 이혼을 했기 때문에 아버지에 대한 기억이 별로 없었다. 오바마는 어릴 때 백인인 외할아버지와 외할머니 손에서 자라났다. 어릴 때부터 자신이 누구인지에 대한 정체성의 혼란을 겪을 수밖에 없었다.

02 케냐에서 유학을 결심한 아버지

　오바마의 아버지 오바마 1세는 케냐의 루오족 출신으로 빅토리아 호 주변의 알레고라는 지역에서 태어났다. 할아버지 온양고 오바마는 뛰어난 농부였고, 마을의 원로이자 의사였다. 할아버지는 교육의 중요성을 인식하고 있었기 때문에 아들에게 숫자와 글을 가르쳤다. 덕분에 아버지는 염소를 치며 영국 식민지 정부가 세운 학교에 다녔다. 아버지는 학교에서 두각을 나타내며 장래성을 보였고, 마침내 장학금을 받으며 케냐의 수도인 나이로비에서 유학했다. 아버지는 욕심도 많았고 영리하였기 때문에 항상 1등을 하였다.

　당시 케냐는 영국의 식민지였는데, 영국으로부터 독립하려는 움직임이 일고 있었다. 할아버지 온양고는 아버지가 청소년 때 케냐의 독립운동에 관여한 혐의로 체포되어 감옥에 갔다. 할아버지는 6

개월의 힘든 생활을 하고 석방되었지만 병든 몸으로 돌아와 무기력하고 쇠약해졌다.

할아버지가 수용소에 있을 때 아버지는 명문 중학교에 다니는 우등생이었다. 그러나 기숙사로 여자들을 몰래 데려오고, 근처 농장에서 음식을 훔치다 발각되어 결국 퇴학을 당했다. 아버지의 퇴학 사실을 알게 된 할아버지는 크게 화를 내면서 말했다.

"넌 정말 한심하다. 앞으로 공부를 안 하면 얼마나 힘들게 되는지를 알게 될 것이다. 공부가 얼마나 중요한 일인지 깨닫게 될 것이다."

할아버지는 아버지를 케냐 해안의 몸바사라는 곳에서 강제로 일하게 했다. 아버지는 지금껏 일을 해보지 않고 공부만 하다 처음으로 일하니 힘들어서 오래 버티지 못했다. 그래서 좀 더 안정된 직업을 찾다가 나이로비에서 철도 사무원으로 일하게 되었다.

생활이 안정되자 아버지는 케냐의 독립에 관심을 가지고 독립운동에 가담해 활발한 활동을 시작하였다. 그러나 얼마 되지 않아 발각된 후 체포되어 감옥에 가야 했다. 아버지는 감옥에서 외국에 유학을 다녀온 친구들이 좋은 조건으로 취직하는 것을 보고 외국 유학을 결심하였다.

03 꿈이 컸던 아버지

오바마 1세는 스무살에 결혼하여 1남 1녀를 둔 가장으로 나이로비에서 단순직에 종사하였다. 그러나 현실 생활에 만족하지 못했던 오바마 1세는 우연히 만난 미국인 교육가의 추천서를 받아 하와이로 유학을 오게 되었다.

아버지는 하와이에서 곧 유명해졌다. 하와이대학교 역사상 첫 아프리카 학생이었을 뿐만 아니라 자신감이 뛰어났고 연설도 잘했기 때문이다. 아버지는 하와이대학교에서 경제학과 작시법을 전공했고, 3년 만에 수석으로 졸업했다. 아버지는 친구들이 많았고 국제학생연합회를 조직해서 초대 회장을 맡기도 했다.

어머니 던햄이 오바마 1세가 이미 케냐 여성과 결혼한 유부남이라는 것을 안 것은 오바마가 태어나고 한참 후의 일이었다. 아버지는 케냐에서 18세에 케지아라는 여성과 결혼해 아들과 딸을 두고 있었다. 케냐에서는 이슬람의 풍습 탓에 아내를 여러 명 두는 것이 자연스러운 일이었다. 그러나 어머니에게는 큰 충격적인 일이었다.

오바마 1세는 던햄에게 자신이 케냐에서 첫 결혼을 했었으나 지금은 이혼한 상태라고 주장했다. 그러나 몇 년이 흐른 뒤에 그녀는 그 말이 거짓임을 알게 되었다.

오바마의 아버지는 공부에 대한 열망이 컸다. 하와이대학교를 졸업하자 두 곳에서 장학금을 주면서 오라고 했다. 결국, 아버지는 하버드대학교에서 공부하기로 결정하였다. 아버지는 세계적으로 유명한 학교에서 학위를 취득하면 자신이 아프리카 대륙에서 중요한 지도자가 될 수 있다는 확신을 가지고 있었다. 그래서 그는 더 큰 꿈을 위해서 가정을 포기하기로 하였다. 아버지는 어머니에게 말했다.

"여보, 공부를 마치고 올 때까지 아이를 잘 돌보고 있어요."

하버드대학교에 가서 공부에 몰두한 아버지는 자연스럽게 집안에 대한 관심이 없었고, 오직 케냐에 돌아가 미래를 이끌어갈 리더가 되고 싶었다.

오바마가 두 살 때 오바마 부부는 별거가 시작되었으며, 1964년에는 어머니가 더는 기다릴 수 없어서 이혼 소송을 제기하여 아버지는 이혼을 승낙하였다. 오바마 1세는 한 가장으로서 만족하며 살기에는 꿈이 컸다. 그리고 아버지와 어머니는 공부에 대한 욕심이 컸기 때문에 평범한 결혼을 이어갈 수 없었다.

어머니 던햄은 공부를 계속해야 했기 때문에 어린 오바마는 외할아버지와 외할머니가 손에서 자랄 수밖에 없었다. 던햄은 1967년에 하와이대학교를 졸업하면서 학사학위를 취득하였다. 아버지 오바마 1세는 1965년에 하버드대학교에서 경제학 석사와 박사학위를 취득하였고 케냐로 돌아갔다.

1971년에 아버지 오바마 1세는 케냐의 재무부 공무원이 되어 하와이에 와서 열 살 먹은 아들 오바마를 만났다. 이 만남에서 아버지는 아들에게 농구공을 선물로 줬고 아프리카 음악을 들려줬다. 이 것이 그들의 마지막 만남이었다. 이후 오바마 1세는 당시 케냐 대통령의 부족과 아버지의 부족 사이에 갈등이 심해지면서 대통령에게 밉보여 정부에서 쫓겨났다. 이후 힘들게 살던 오바마 1세는 1982년에 교통사고 때문에 46세의 나이로 세상을 떠났다.

04 새아버지를 만나다

　어머니 던햄은 일을 하면서 인도네시아에서 온 유학생인 롤로 소에토로를 만났다. 롤로 소에토로는 동양인이었기 때문에 피부는 갈색이었으며 체구는 작았지만 미남형이었다. 롤로 소에토로는 하와이대학에서 지질학을 공부하다가 어머니를 만났다. 롤로 소에토로는 인도네시아 초대 대통령인 수카르노가 선진국에서 학문을 배워오라고 보낸 장학생이었다.

　어머니는 롤로 소에토로를 초대하여 부모님께 소개하고 어린 오바마와도 어울리게 했다. 자상하고 매너 있던 롤로 소에토로는 어머니에게 청혼을 하여 결국 그들은 1966년에 결혼하였다.

　결혼을 하자마자 새아버지는 급히 인도네시아로 돌아가야 했다. 당시 인도네시아는 군사 독재자 수하르토 장군이 쿠데타를 일으켜 정권을 잡으면서 사회 전반에 불안감이 감돌았다. 급기야 수카르노 대통령이 해외에 보낸 모든 인도네시아 유학생들은 본국으로 소환하여 강제로 군 입대를 시켰다. 어머니 던햄은 어쩔 수 없이 남편을 따라 여섯 살짜리 오바마를 데리고 인도네시아 자카르타로 이사를 갔다.

아버지는 인도네시아의 수도인 자카르타에 오자 군대에 징집되었기 때문에 수입이 없던 어머니와 어린 오바마는 경제적으로 어려움을 겪었다. 어머니는 경제적인 어려움을 해결하기 위해서 미국 대사관에서 인도네시아 사업가들에게 영어를 가르치는 일을 했다.

새아버지는 사람들에게 오바마를 자기 아들이라고 소개하고 친아들처럼 대해주었다. 그리고 오바마가 궁금해하는 것들에 대해서 언제나 친절하게 알려주었다.

오바마의 인도네시아에서의 삶은 그야말로 다사다난했다. 어린 나이에 기독교적인 영향이 컸던 하와이에 살다가 갑자기 인도네시아로 와서 언어나 종교, 문화에서 차이가 극심함을 느꼈다.

더욱이 집에서 어머니는 철저히 신의 존재는 없다고 가르쳤고, 새아버지는 독실한 이슬람교도는 아니었지만 이슬람교의 영향을 받아 이슬람식 교육을 했다. 반면 오바마가 다닌 세인트 프란시스 아시시 재단 학교는 가톨릭계 학교로 성모 마리아와 예수에 대한 교육을 철저히 했기 때문에 더욱 혼란스러웠다.

새아버지는 아내와 오바마에게 이웃들과 교제를 할 수 있도록 하기 위해 이슬람교를 믿도록 하였다. 그러나 어머니는 오바마에게 종교 자체는 인정하였지만, 너무 빠져들면 안 된다고 가르쳤다.

오바마의 새아버지는 독특한 사람이었다. 그는 오바마를 강한 남자로 키우기 위해서 호랑이 고기를 가져와 먹게 했으며, 개고기, 뱀, 메뚜기를 잡아다 먹는 방법을 가르쳤다. 그리고 모든 사물에는 영혼이 있으며, 무엇을 먹을 때는 그것도 같이 먹는 것이라고 알려 주었다.

오바마는 인도네시아에서 우기가 되면 물이 허리까지 차는 일을 경험했고, 찬물 목욕에 익숙해져 있었고, 모기와 밤마다 싸웠다. 미국에서는 경험할 수 없는 전통 복장을 하고 동네 아이들과 축구를 하고, 연을 갖고 놀았으며, 닭싸움을 지켜보면서 자랐다. 어린 오바마는 인도네시아의 전통 생활 속에서 자랐고, 그곳에서 독특하고 신기한 문화를 직접 경험하게 되면서 세상이 매우 다양하다는 것을 깨닫게 되었다.

어린 오바마는 흑인 혼혈아로 태어나 어머니 때문에 뜻하지 않은 동양인 새아버지를 만났으며, 어린 시절을 인도네시아에서 지내야 했다. 하와이에서 6세 이전까지 미국의 문화에 익숙했다가 인도네시아에서 다양한 문화를 보고 경험하였다. 어린 오바마는 자신이 누구인지를 모르는 극심한 정체성의 갈등을 겪으면서 다양성을 받아들일 수밖에 없었다.

1. 외로운 소년 버락   27

05 내성적인 오바마

오바마는 인도네시아 수도 자카르타에서 세인트 프란시스 아시시 재단 학교를 다녔다. 이 학교는 기독교 계열의 사립학교로 인근 지역에서 교육환경이 가장 좋은 초등학교였다.

오바마는 인도네시아에서 가톨릭계 학교를 다녔지만 경제적으로 어려워지자 비교적 학비가 저렴한 이슬람 학교로 전학을 가야만 했다. 오바마는 일주일에 두 시간 정도는 이슬람 교육을 받아야 했다. 이전 학교에서 새로운 언어, 문화, 그리고 기독교라는 종교에 익숙했다가 이슬람 학교에 적응해야 했기 때문에 어린 오바마에게는 힘든 시기였다.

더욱이 오바마는 피부색이 달랐기 때문에 또래 아이들로부터 놀림이나 따돌림을 당하기도 하였다. 집안에서야 어머니와 새아버지의 사랑을 받고 자랐지만 집 밖에서는 달랐다. 친구들은 피부색이 다른 오바마를 따라다니면서 놀리기도 하고, 밀치기도 하였다.

어린 오바마는 어디를 가도 자신의 피부색 탓에 눈에 띄었기 때문에 이런 환경에 적응하여야 했다. 더욱이 어머니는 백인이었고 아버지는 인도네시아인이었기 때문에 어디를 가도 관심거리가 되었다.

그리고 이슬람교를 믿는 나라에서 기독교를 믿었기 때문에 또래 친구들은 오바마를 멀리하기도 하였다. 그래서 오바마는 처음에 학교에 입학해서는 적응을 잘하지 못하였다. 자연스럽게 사람들의 눈치를 살피면서 소극적이고 내성적인 아이로 성장하게 되었다.

오바마는 학교에 입학해 영어에 익숙했던 자신이 한 번도 듣지도 못한 어색한 인도네시아어를 배우면서 더욱 주눅이 들었다. 오바마는 말없이 맨 뒤에 앉아서 수업을 듣는 자신의 모습이 애처롭기도 하였다. 수업에 흥미가 없었던 오바마는 배트맨이나 스파이더맨 같은 미국의 슈퍼 영웅들에 대한 만화책을 보았다. 그러면서 오바마는 어려운 처지에서 슈퍼 영웅들이 자신을 구해줄 것이라는 상상을 하면서 시간을 보냈다.

하루는 오바마가 동네 아이들에게 매를 맞고 들어왔다. 다음 날 새아버지는 복싱글러브를 가져와 오바마에게 주면서 말했다.

"세상을 살아가기 위해서는 강해져야 한다. 살다 보면 어려운 일이 많단다. 그럴 때마다 네가 이루어야 할 목표만 생각하고 앞으로 나가야 해. 나약해지면 안 된다. 너는 스스로 보호할 수 있는 힘을 길러야 한다."

새아버지는 내성적인 오바마에게 힘을 길러주기 위해서 복싱을 가르치기 시작하였다.

| 인도네시아인 새아버지, 어머니, 누이동생 마야와 함께

어린 오바마는 피부색이 다르고 독특한 가족 관계로 말미암아 어릴 때부터 주변의 놀림과 따돌림을 받았다. 그러면서 정체성에 대한 고뇌로 혼란스러운 유년 시절을 보냈고 성격은 내성적이 되었다.

어린 오바마에게 새아버지마저도 일반적인 미국인과는 다른 동양인이었기 때문에 매우 낯설었지만, 새아버지는 오바마를 친자식처럼 대해주고 친절하게 안내해 주었기에 큰 문제는 없었다. 오바마는 새아버지를 통해서 갖가지 모험을 경험하면서 인도네시아의 문화를 접할 수 있었다. 그리고 새아버지는 오바마에게 강해져야 한다며 복싱을 가르쳤다. 오바마는 새아버지를 통해 험난한 세상에서 살아가기 위해서는 강해져야 한다는 것을 깨닫기 시작하였다.

06 새아버지와 어머니의 갈등

　새아버지가 군대 제대를 한 후에는 인도네시아 정부를 상대로 하는 미국 오일 회사에 입사하였다. 오일 회사를 다니면서 경제적으로 풍요해졌다. 새아버지는 권력도 생기면서 부자들이 사는 동네로 이사를 하게 되었다. 그 동네는 외국회사 소유주들과 외교관들이 사는 동네로 넓은 도로와 정원이 있는 넓은 집들이 있는 동네였다.

　오바마는 당시를 회상하며 다음과 같이 말했다.

　"우리는 큰 집으로 이사를 했고, 자동차를 소유하고 운전사도 있었다. 당시에는 갖기 어려운 냉장고, TV도 있었다."

　그러나 자상했던 새아버지는 돈과 권력의 달콤함에 빠져서 정상적으로 돈을 버는 것보다는 불법으로 돈을 벌고 탈세까지 저지르게 되었다. 결국, 새아버지는 부정 탓에 돈과 명예를 잃고 다시 어려운 생활이 시작되었다.

　새아버지는 점차 집안에 소홀해졌고 정상적이지 않은 방법으로 돈을 버는 일에만 관심을 가지게 되었다. 어머니는 아버지가 변하는 것을 보고 다시 허황된 생각을 버리고 다시 옛날처럼 평범한 사람으로 돌아와 달라고 애원했다. 그러나 한 번 마음이 변한 새아버지는 다시 돌아오지 않았다. 그리고 어머니나 오바마를 대하는 태도도 전과 달라져 갔다. 그럴수록 어머니와 새아버지는 갈등이 깊어만 갔다. 심지어는 큰 소리로 언쟁을 높이면서 싸웠다.

　오바마는 새아버지에 대한 어머니의 마음이 예전과 달라졌다는 것을 느꼈다. 어머니는 새아버지와의 불화가 깊어질수록 오바마가 상처를 입지 않도록 각별한 애정을 쏟았다. 어머니는 변해 버린 새아버지로부터 아들이 나쁜 영향을 받지 않도록 걱정하였다.

　어머니는 아버지와의 관계가 나빠져 가정이 불안해지자 오바마의 가정 교육에 관심을 더 집중하였다.

07 각별했던 어머니의 가정교육

어머니 던햄은 자식에 대한 교육열이 강한 여인이었다. 오바마가 인도네시아에서 거주하면서 6개월 만에 인도네시아의 언어와 풍습에 익숙해져 가기 시작하였다. 교육열이 강했던 어머니는 아들에게 더는 인도네시아에 빠지지 않고 미국적인 사고방식도 잃지 않도록 지도하였다.

어머니는 아들을 새벽마다 네 시 반이면 깨워서 세 시간씩 영어를 가르쳐서 영어를 잊지 않도록 하였다. 어머니는 영어를 가르치는 방법으로 통신교육을 선택했다. 교재는 찬송가의 여왕으로 알려진 미국의 흑인 여성 가수 마헬리아 잭슨의 음반들과 흑인은 물론 억압받는 소수자들을 위해 일생을 바친 마틴 루터 킹 목사의 연설문들이었다. 오바마는 자연스럽게 어릴 때부터 루터 킹의 연설을 들으면서 자

| 자카르타의 초등학교에서
3학년 때 친구들과 함께
맨 뒤 왼쪽에서 두 번째

신의 처지와 세상을 배워나갔다. 그리고 마틴 루터 킹이 꿈꾸던 세상
을 자신이 이루고 싶은 세상으로 꿈꾸기 시작하였다.

어머니는 오바마의 학교 공부를 도우면서 아들에게 세상에서 성
공하기 위해서는 정직해야 하고 공정해야 한다고 가르쳤다. 정직과
공정은 올바른 판단을 하는데 신념이 된다고 강조했다.

어머니는 아들이 혼혈아였기 때문에 흑인 차별에 대한 영향을 받
지 않도록 하기 위해서 노력했다. 아들에게 자존감을 높이기 위해
최초의 흑인 변호사, 최초의 흑인 배우, 최초의 주지사 등 성공한
흑인들에 대해 이야기하고 흑인의 우월성에 대해 틈나는 대로 알려
주었다. 오바마는 이러한 어머니의 배려로 인해서 인종차별이 심한
미국 사회에서도 기죽지 않고 꿋꿋하게 자신의 이상을 키워 갔으
며, 정상을 향하여 도전할 수 있었다.

어머니는 아들을 하와이에 보내 공부를 시키면서도 끊임없이 편지를 보내 수시로 당부하였다.

"어떠한 일이 있어도 정직해야 한다."

"무슨 일에든지 스스로 판단할 줄 아는 독립성을 길러라."

"관용과 평등을 지키고 혜택받지 못한 사람들 편에 서라."

오바마는 이러한 어머니의 가정교육으로 인해 인생을 살면서 영향을 많이 받게 된다. 그는 나중에 컬럼비아대학을 졸업하고 뉴욕의 컨설팅 회사에서 일하든 중 잘 나가던 그의 직업을 버리고 빈민을 위한 봉사와 지역 활동을 하기 위해서 시카고로 떠났던 것도 그런 어머니의 영향이라고 말했다.

TIP 오바마는 감수성이 예민한 어린 시절을 인도네시아에서 지냈다. 인도네시아의 문화에 익숙해지는 것을 막기 위해서 어머니는 미국적인 사고방식을 가르쳤다. 그뿐만 아니라 리더가 되기 위해 필요한 영어나 리더십, 즉 지도자로서의 자세를 가르쳤다. 결국, 어머니의 가정교육은 오바마가 자신을 위한 작은 성공에 안주하지 말고 남을 돌아보며, 봉사의 정신을 가진 세계적 지도자로 만들어 주는 결정적 계기가 되었다.

08 대통령을 꿈으로 삼다

어린 오바마는 새아버지의 사랑과 어머니의 보살핌으로 인해서 인도네시아에서의 생활을 잘 참고 지냈다. 그러면서 점차 인도네시아 문화의 특성에 대해서 적응하며 이해하게 되었다. 오바마의 어머니는 자녀 교육에도 열정적이었지만, 사람들에게는 매우 인자한 분이었다.

인도네시아의 가난한 사람들을 만나면 집으로 데려와 무엇이든 나누어 주려는 어머니의 모습을 자주 보면서 많은 생각을 갖게 된다. 가난이라는 것이 무엇인지, 그리고 자신도 어른이 되면 어려운 사람들을 도와주어야겠다는 생각을 자연스럽게 가지게 되었다.

오바마는 인도네시아의 명문 카톨릭 학교를 다녔기에 학교에 부잣집 아이들이 많았지만, 동네의 가난한 아이들과도 잘 어울렸다. 그러면서 오바마는 자연스럽게 가난, 질병, 부자와 가난한 사람과의 차별이 무엇인지를 인도네시아에서 경험하면서 배웠다. 오바마

는 이때부터 가난한 아이들과 약한 아이들 편에 서서 그들을 돕기
시작하였다.

하루는 친구와 같이 놀다가 넘어진 적이 있었다. 오바마는 달려
가서 친구를 일으켜 세워주면서 말했다.

"다친 데는 없니?"

어린 오바마는 같은 또래 아이들에 비해서 상대방을 생각하는 마
음이 깊어 갔다.

오바마가 3학년 때 미래의 꿈을 적는 글짓기 시간이 있었다. 오
바마는 '대통령' 이 되고 싶다고 적었다. 당시에는 인도네시아에 살
았기 때문에 어떤 나라의 대통령인지는 모르지만 모두가 행복한 나
라를 만들 수 있는 대통령이 되고 싶었던 것이다.

TIP 오바마는 어릴 때부터 가난한 사람에게 가진 것을 나
누어 주는 어머니를 통해서 자연스럽게 남을 돕는 마음을 갖게
되었다. 그리고 주변의 어려운 사람들을 보면서 빈부나 강약을
떠나서 누구나가 평등하게 어울려 살 수 있는 세상을 만들고 싶
었다. 그래서 그런 일을 할 수 있는 꿈으로 대통령이 되고 싶었
다. 어릴 때부터 가진 큰 꿈이 바로 오바마를 대통령으로 이끌어
준 원동력이 된 것이다.

09 하와이로 돌아오다

어느 날 오바마가 동네에서 놀다가 철조망에 손목부터 팔꿈치까지 길게 찢어져 크게 다친 적이 있었다. 어머니는 아들이 다치자 깜짝 놀라서 당황했다. 정신을 차려 병원으로 가기로 했다. 그러나 병원은 동네에서 멀리 떨어져 있었기 때문에 차가 없이는 갈 수가 없었다. 차가 없던 어머니는 발을 동동거리며 정신이 없었다.

마침 동네에 유일하게 차를 소유한 집이 있었다. 어머니는 무작정 찾아가서 아들이 위험에 빠져서 병원을 가야 한다고 하면서 차를 빌려달라고 애원했다. 이웃은 너무 사정이 딱해 차를 빌려주었다.

어머니는 이웃의 자동차를 빌려 다친 아들을 싣고 급하게 병원으로 달려갔다. 병원에 도착해서 어머니는 의사를 찾기 위해 병원을 미친 사람처럼 뛰어다녔다. 의사는 찾을 수 없었고 한쪽 구석에서 두 명의 남자가 도미노 게임을 하고 있는 것을 보고 어머니는 물었다.

"이 병원의 의사는 어디 있나요?"

두 사람은 퉁명스럽게 말했다.

"우리가 의사입니다."

어머니는 두 사람에게 애가 크게 다쳤으니 급하게 치료를 받게 해달라고 부탁했다. 그러나 그들은 간단하게 대답했다.

"치료를 받으려면 게임이 끝날 때까지 기다리세요."

결국 기다렸다가 오바마는 팔에 20바늘을 꿰매는 수술을 받았다. 이 일이 발생한 얼마 후 어머니는 아들을 인도네시아보다 안전한 미국으로 보내기로 했다. 어머니는 어린 오바마를 의료 시설이 좀 더 좋은 곳, 교육 환경이 좋은 곳에서 살게 해야겠다고 결심하였다. 더욱이 새아버지와의 관계가 점점 멀어지는 것을 감지한 어머니는 인도네시아에서 아이를 떠나게 해야겠다고 결심했다. 결국, 어머니는 자신의 부모님이 거주하는 하와이로 아들을 보냈다.

어머니는 아들을 하와이로 보내면서 말했다.

"이제 새벽에 일어나지 않아도 된다. 너는 미국에서 미국 아이들과 똑같이 공부하게 될 것이기 때문이다. 그리고 미국 아이들처럼 열심히 공부해서 꼭 훌륭한 인물이 되어야 한다."

오바마는 또 한 번의 문화를 바꾸어야 하는 혼란 속에 빠지게 되었다. 처음에는 어색했지만 어느 정도 익숙해질 만할 때 또다시 미국이라는 사회의 문화 속으로 들어가야 했기 때문이다. 1971년 오바마는 4년 만에 하와이로 돌아왔다.

10 명문 푸나호우 학교에 입학하다

　　오바마는 어머니를 떠나 하와이에서 외할아버지와 외할머니 손에서 자랐다. 오바마의 외할아버지는 외손자가 좋은 환경에서 자라야 한다고 생각하고 명문 학교에 진학하기 위해서 여기저기 수소문한 결과 푸나호우 학교로 보내기로 결정하였다.

　　푸나호우 학교는 오후아의 돈 많은 백인 자녀들이 상대적으로 많이 다녔던 최고의 명문학교였다. 푸나호우 학교는 1841년 선교원으로 출발하여 하와이의 엘리트들을 배출하는 명문으로 성장한 학교다. 푸나호우 학교는 오바마처럼 흑인 아이는 손꼽을 정도로 백인이 많았다.

　　어머니는 멀리서나마 아들이 하와이 최고의 명문학교에 다니게 된 것을 기뻐하였다. 그러면서 아들이 잘 성장해 줄 것으로 기대하였다.

외할아버지는 명문학교에 가게 될 오바마에게 말했다.

"너는 앞으로 학교에서 좋은 사람을 많이 만나게 될 것이다. 너의 미래를 위해서 잘 사귀어 두어라."

오바마는 명문학교가 무엇인지 아직 피부에 와 닿지 않았으며 인도네시아에서 친구들과 즐거웠던 기억이 더욱 많았다. 오바마는 피부 색깔이 달라서 인도네시아에서 어려움을 겪었듯이 하와이에서도 그럴 일이 걱정되었다.

오바마는 학교에 백인이 유난히 많은 학교에 다니면서 피부색이 다르다는 이유로 여러 가지 차별을 느낄 수밖에 없었다. 그리고 심지어는 배타적으로 대하는 학생들까지 있었다. 더욱이 푸나호우 학교는 부잣집 자녀가 다니는 학교였는데, 오바마의 외할아버지는 경제적으로 풍요롭지 못해서 오바마에게 경제적으로 여유 있는 환경을 만들어주지 못했다.

오바마의 외할아버지는 원래 자동차 외판원이었다. 하지만 일이 잘되지 않아서 나중에는 생명보험 설계사로 생활하였는데, 벌이가 많지 않았다. 외할머니는 오래전부터 은행에 다녔기 때문에 임원으로 승진해서 그런대로 벌이가 괜찮아 외갓집 경제를 이끌고 있었다.

오바마는 아직 소년이었기 때문에 또래 아이들처럼 각종 운동을 하거나 부모님과 같이 등산이나 해변에 놀러가고 싶었지만 오바마의 외할아버지와 외할머니는 나이가 들어서 외손자가 원하는 것을 해줄 수가 없었다. 오바마의 외할아버지와 외할머니는 손자에게 헌신했지만, 어린 외손자의 마음속 빈자리를 모두 메워주지는 못했다.

인도네시아에 있던 어머니는 일을 하려고 했지만, 새아버지는 어머니에게 집에 있으면서 애를 더 낳아 달라고 하면서 갈등이 더욱 심해졌다. 결국에는 서로 갈등이 더욱 커져 이혼을 하였다. 어머니는 다시 하와이로 돌아와 인류학을 전공하면서 인도네시아의 한 농촌에서 몇 년을 지내기도 하였다. 그러다가 하와이에서 자궁암으로 1995년 11월 7일 52세의 나이로 숨을 거두었다.

| 푸나호우 학교
졸업반 당시의 오바마

어린 오바마는 자신의 의지와는 상관없이 흑인과 백인의 혼혈인으로 태어나 어린 나이에 아버지와 이별하고 거의 외할머니의 손에서 키워졌다. 그뿐만 아니라 어머니의 두 번째 결혼으로 인해 인도네시아의 자카르타에서도 생활하게 되었다. 이로 말미암아 오바마는 다인종·다민족·다문화 가정에서 자라면서 스스로 자신이 누구인지 모르는 정체성 혼란을 겪게 되었다.

11 친아버지와 만나다

오바마가 두 살 때 부모님이 이혼하였기 때문에 실제로 아버지에 대한 기억이 별로 없었다. 다만 외할아버지와 외할머니의 손에 자라면서 아버지에 대한 이야기를 들었다.

외할아버지와 외할머니는 아이가 자신감을 갖도록 아버지에 대한 좋은 이야기만 했다. 아버지가 케냐에서 나름대로 우수한 인재로 유학을 왔다는 것과 하와이에서도 공부를 잘했다는 등의 이야기로 오바마에게 아버지가 훌륭한 사람이었다는 것을 인식시키려고 하였다.

어린 오바마는 이러한 이야기가 처음에는 과장되었다고 생각했지만, 지속적으로 말해 주었기 때문에 아버지에 대한 자부심을 가지고 자라날 수 있었다. 그런 오바마가 아버지를 마지막으로 만난 일이 생기게 되었다.

하와이로 돌아온 지 몇 달 뒤에 외할아버지는 말했다.

"네 친아버지가 너를 보려고 온다는 전보가 왔다. 그리고 엄마도 온단다."

어린 오바마에게 아버지가 온다는 소식은 충격이었다. 어머니가 온다는 말로도 반가운 일이었는데, 거기에 아버지까지 온다고 하니 어린 오바마에게는 엄청난 소식이 될 수밖에 없었다.

오바마는 지금까지 남들에게만 들어서 상상 속에 존재하고 있던 아버지를 직접 만날 수 있다는 것에 머릿속이 매우 복잡해 졌다. 아버지에 대해 아는 것이 없어서 아버지는 과연 어떤 사람일까? 하는 궁금증이 항상 있었지만, 만날 수 없었기 때문에 매번 상상으로 그 친 아버지가 직접 찾아온다는 것이 믿기지 않았기 때문이다.

어머니가 먼저 하와이에 도착했다. 어머니는 어린 오바마가 어떤 기분인지, 무엇을 걱정하는지를 어느 정도 이해할 수 있었다. 따라서 어머니는 오바마에게 정신적으로 충격을 줄여 주기 위해서 노력했다.

"아빠와는 편지로 서로의 소식을 주고받았단다. 아버지가 하와이에 오는 것은 교통사고를 당해 쉬러 오는 김에 너를 만나려고 한단다."

그리고 아버지의 근황과 케냐의 가족에 대해서도 알려주었다. 하지만 오바마는 자신을 안심시키려는 어머니의 노력을 알고 있으면서도 불안이나 호기심이 해소되지 않았다.

드디어 아버지가 지팡이를 짚고 절뚝거리면서 집으로 왔다.

오바마는 어색해서 어쩔 줄 몰랐다.

아버지는 친근하게 말했다.

"오랜만에 너를 보니 아주 반갑다. 정말로 보고 싶었단다."

난생처음 들어보는 아버지의 목소리였다. 오바마는 이것이 꿈인지 생시인지 정신이 하나도 없어서 어찌해야 할지를 몰랐다. 아버지는 그런 오바마를 이해하듯 끌어안았다. 오바마에게 아버지는 그저 낯설고 어색한 남자였던 것이다.

아버지와 오바마는 딱 한 달을 같이 지냈다. 그러나 오랫동안 떨어져 있었기 때문에 무엇을 말해야 할지를 몰라서 아버지와 깊은 대화를 나누지는 못했다.

12 일일교사로 온 아버지

　오바마는 오랜만에 만난 아버지와 깊은 대화를 나누지는 못했지만 아버지와 함께한 한 달은 특별했다. 오바마가 아버지와 만났던 일들 중에서 가장 기억에 남는 것은 아버지가 오바마가 다니는 학교에 일일교사로 온 일이었다.

　오바마의 아버지는 오바마의 담임 선생님의 부탁으로 학교에 와서 일일교사가 된 것이었다. 아버지가 학교에 온다는 소식을 들은 오바마는 걱정이 되었다. 아버지가 학교에 와서 이야기할 케냐의 이야기와 자신이 친구들에게 말한 아프리카의 이야기가 다르면 아이들이 자신을 거짓말쟁이라고 생각할까 봐 두려웠던 것이다.

　드디어 아버지가 학교에 왔다. 아이들은 기대가 컸다. 아버지는 차분하게 아프리카에 대해서 말했다. 아프리카의 여러 부족과 관습들, 생활하는 모습 등에 대해서 아버지는 실감나게 말했다. 오바마의 친구들은 고개를 끄덕이면서 재미있어했다.

아버지는 이어서 케냐의 역사와 미국이 영국으로부터 독립했듯이 케냐도 영국으로부터 독립운동을 했다는 이야기를 해주었다. 그리고 친구들은 궁금한 점을 아버지에게 질문하였다. 아버지는 친절하게 설명해 주었다. 친구들은 아버지의 수업을 들으면서 아버지에 대한 호기심과 함께 강의를 하는 모습을 보면서 오바마도 아버지에게 호감을 갖기 시작하였다.

아버지의 수업이 끝나자 아이들과 선생님들은 큰소리로 손뼉을 쳤다. 친구들은 말했다.

"네 아빠 정말 멋있다."

"네 아빠 대단하다."

"넌 좋겠다. 좋은 아빠를 두어서."

오바마는 뜻밖이었다. 흑인 아버지를 비웃거나 케냐의 삶을 무시하는 아이들도 생길 것이라고 생각했는데, 오히려 아버지를 존경하고 멋있다고 했기 때문이다.

오바마도 아버지의 모습을 보면서 지도자의 모습을 보았다. 아버지를 보면서 자신도 아버지처럼 자신감을 가지고 당당히 말하고 존경받는 사람이 되어야겠다고 생각했다. 오바마도 아버지의 수업을 들으면서 케냐 사람들이 끊임없이 자유를 꿈꾸고 역경을 딛고 독립했다는 사실을 알고 케냐에 대한 동경도 시작되었다.

한 달이 지나자 아버지는 떠나야 했다. 아버지는 짐을 싸면서 아들에게 레코드판을 주면서 말했다.

| 아버지와 오바마

"너에게 주는 선물이다. 너의 조국의 소리를 담은 레코드판이란다."

오바마는 전축에 레코드판을 올려놓고 음악을 들었다. 레코드에는 케냐의 전통 음악이 담겨 있었다. 나팔소리와 북소리가 나는 원시적인 소리였지만 강렬한 감동을 주었다.

아버지는 음악에 맞추어 오바마와 함께 춤을 추었다. 평소에는 엄숙해 보이던 아버지였지만 케냐의 전통 음악에 맞추어 같이 춤을 추다 보니 아버지가 더욱 친근하게 느껴졌다. 아버지는 오바마와의 이별을 가슴 아파하며 재즈 연주회도 가고 함께 책을 읽기도 하면서 단란한 시간을 보냈다. 마지막으로 크리스마스 선물도 주고 사진도 같이 찍었다.

아버지는 오바마를 데리고 케냐로 가고 싶었다. 그러나 오바마가 외할아버지와 외할머니 밑에서 잘 자라고 있는 것을 보고는 아이의 미래를 위해서 차마 말을 꺼내지 못했다. 결국, 아버지는 오바마를 두고 혼자 케냐로 떠났다.

TIP

짧은 한 달이었지만 오바마에게는 상상 속에 있던 아버지를 볼 수 있었던 마지막 만남이었던 것이다. 그러나 아버지와의 만남은 오바마에게 꼭 행복만을 준 것은 아니었다. 이때부터 오바마는 극심한 정체성의 고뇌와 혼란을 경험해야 했다.

복잡한 가계로 인해 자신의 뿌리가 미국인지, 케냐인지, 인도네시아인지 자신이 도대체 어느 나라 사람인지 혼란스러웠다. 더욱이 백인 외할아버지와 외할머니, 흑인 아버지, 동양인 새아버지를 만나면서 자신이 어느 인종인지에 대한 정체성마저 흔들렸다. 이때부터 오바마의 삶은 이런 혼란과 의문에 대한 답을 찾는 노력이 시작되었다.

02

꿈을 키우던 청년 시절

꿈을 키우던 청년 시절

오바마는 자신의 어려운 현실을 바꿀 수 있는 대통령이 되는 것이 꿈이었다.

오바마는 자신이 겪고 있는 사회적 편견과 인종 차별을 없앨 수 있는 최초의 흑인 대통령이 되는 것으로 정했다.

오바마는 진정한 변화를 위해서는 지역사회운동뿐만 아니라 국가의 법과 정치 체계를 바꿔야 한다는 사실을 깨닫고 뒤늦게 하버드대학교 로스쿨에 진학하였다.

그리고 오바마는 가슴속에 오래 간직한 질문, 즉 '나는 누구인가, 어떻게 살 것인가'에 대한 해답을 찾아 아버지의 고향 케냐를 방문한다. 오바마는 케냐에서 자신의 뿌리를 확인하고, 아버지가 인내와 희망의 정신으로 더 나은 미래를 향해 힘겹게 나아가며 살고 부대껴야 했던 아픈 진실을 깨닫는다.

마침내, 오바마는 분열된 선대의 유산과 감동적으로 화해한다. 그리고 오바마는 자신을 찾으면서 아버지처럼 세상을 바꾸는 지도자가 되겠다는 결심을 하였다.

01 흑인 대통령을 꿈꾸다

오바마가 하와이로 돌아오자 어머니는 두 번째 이혼를 하였다. 어머니는 새아버지 사이에서 낳은 여동생 마야와 함께 하와이로 돌아왔다. 그리고 인류학 석사 과정에 입학해서 공부를 시작하였다. 어머니는 두 번의 결혼 실패 이후 자신의 관심을 공부로 돌렸다.

하와이로 돌아온 어머니는 오바마와 마야를 데리고 푸나호우 학교 근처의 작은 아파트에서 함께 살았다. 어머니가 받는 장학금으로 생활을 했기 때문에 경제적으로 어려울 수밖에 없었다. 그러한 현실은 오바마를 더욱 자신 없게 만들었고 더욱이 남들과 자신이 다르다는 생각에 항상 주눅이 들어 있었다.

어머니는 자신감이 떨어져 주눅이 들어 있던 오바마를 배려하기보다는 자신의 공부에 더욱 집중하였다. 그러던 어느 날 어머니는 인류학 공부의 현지 작업을 위해서 다시 인도네시아로 가게 되었

다. 어머니는 오바마와 여동생을 인도네시아로 데려가 인도네시아의 국제학교에 전학시키려고 하였다. 그러나 푸나호우 학교에서 적응을 잘하던 오바마는 어머니의 의견에 반대하였다.

"어머니 제가 다시 인도네시아에 가면 저는 어떻게 살아야 할지를 몰라서 방황하게 될 거예요."

어머니는 오바마의 미래가 걱정이 되었기 때문에 더는 강요할 수 없었다. 오바마는 다시 외가로 가 외할아버지와 외할머니의 손에서 자랄 수밖에 없었다.

오바마는 더욱 열심히 학교생활을 하고, 친구들과 사귀려고 노력하였다. 공부도 열심히 하였으며 항상 학생들에게 모범이 되려고 하였다. 당시 오바마의 주위 사람들은 오바마가 학교를 다니면서 리더십과 카리스마가 넘치는 학생이었다고 회상할 정도였다.

주변에서 오바마에 대한 기대가 커지면서 자연스럽게 오바마는 자신의 꿈을 최초의 흑인 대통령이 되는 것으로 정했다.

02 인종차별을 느끼다

오바마는 외적으로는 누가 봐도 멋있는 리더십을 가진 학생이었다. 그러나 내적으로는 심한 혼란을 겪고 있었다. '나는 누구인가?' 라는 정체성의 문제에서부터 자신이 '흑인으로서 백인 중심의 사회인 미국에서 어떻게 살아야 하는가?'에 대한 걱정으로 마음 편할 날이 없었다.

오바마가 점차 성장하면서 아무리 노력을 해도 친구들과의 관계를 더 좋게 만들 수가 없다는 것을 깨달았다. 오바마는 점차 소외감을 느껴갔다.

더 큰 시련은 외할머니 댁에서 자라면서 노예의 후손이라는 이유로 주변 사람들의 따돌림을 받으며 자랐다. 자신도 백인들과 똑같은 인간인데도 불구하고 피부색이 다르다는 것 때문에 인종 차별을 느끼면서 오바마는 정상적인 생활을 할 수 없었다.

어느 날 한 할머니와 같이 엘리베이터를 탄 적이 있었다. 같은 엘리베이터를 탄 백인 할머니는 흑인과 함께 엘리베이터를 탄 것에 대해서 매우 불쾌해 하였다. 백인 할머니는 엘리베이터에서 내리자마자 경찰서에 가서 신고하였다.

"내가 엘리베이터를 탔는데 흑인이 나를 해치려 했어요."

경찰은 오바마를 경찰서로 데려왔다. 경찰은 오바마가 같은 아파트 주민이라는 것을 확인하고 백인 할머니에게 오해한 것을 사과하라고 했다. 그러나 백인 할머니는 끝까지 오바마에게 사과하지 않았다.

이뿐만이 아니라 여러 곳에서 오바마는 피부색이 다르다는 이유로 인격적인 모독은 물론이고 차별을 당하게 되었다. 오바마는 주변 사람들이 자신에 대해서 곱지 않은 시선을 가지고 있다는 사실을 깨달았다.

알게 모르게 인종 차별에 대한 고통은 더욱 커져갔다.

오바마는 자신의 비극적인 상황에서 벗어나고 싶었다. 그래서 푸나호우 학교의 몇 안 되는 흑인 학생들과 비공식적인 모임을 만들어 인권과 인종 관련 문제를 논의했다. 그리고 다른 미국계 혼혈인들과 함께 미군 부대에서 열리는 파티에 참석하며 다양한 인종과 교류하였다.

오바마는 흑인으로서 성공한 사람들의 자서전이나 저서들을 읽으면서 흑인으로서의 우월성에 대해서도 찾아보려고 노력했다.

오바마는 자신의 정체성을 깨달으면서 흑인으로서의 인권을 찾으려고 노력하였다. 그러면서도 자신이 노출되는 것이 두려워 안전한 곳으로 피하고 싶은 욕구도 내면에 공존했다.

03 마약에 손을 댄 오바마

어느 날 외할아버지와 외할머니가 말다툼하는 소리를 오바마가 듣게 되었다.

외할아버지는 말했다.

"왜 외손자를 학교에 데려다 주지 않는 거요?"

외할머니는 말했다.

"전에 오바마를 데려다 주다 우연히 흑인을 만났는데 그가 돈을 달라고 협박을 했어요."

외할머니는 흑인이 돈을 달라고 하는 것이 무서워서 그 흑인 때문에 자신의 손자를 데려다 주지 못한다는 것이었다.

외할아버지는 더는 뭐라고 할 수 없었다.

오바마는 자신이 흑인인데 사랑하는 외할머니가 흑인 때문에 피해를 입고 두려워한다는 사실을 받아들일 수가 없었다. 자신이 존재해 있는 것만으로도 다른 사람에게 피해가 된다는 사실을 깨달았다. 자신과 피부색이 같은 사람들이 자신이 사랑하는 사람들에게 공포의 대상이 된다는 사실에 오바마는 매우 혼란스러웠고 힘들었다.

오바마는 혼란에서 빠져나올 수가 없었다. 이런 혼란과 고민은 예민한 사춘기의 오바마에게는 감당하기 어려운 일이었다. 오바마는 인종 차별을 비관하면서 그 고통을 잊기 위해서 노력해야만 했다. 자연스럽게 오바마는 친구들과 어울려 술과 담배와 마리화나라는 마약에도 손을 대면서 불우한 청소년 시절을 보냈다.

오바마가 마약에 손을 댄 것에 대해서 다음과 같이 말했다.

"당시 나는 마약중독자, 알코올중독자 자체였다. 그러나 그것보다 더 충격적인 것은 내가 흑인이라는 사실이었다. 나는 살아 있는 것이 너무 힘들었다. 그래서 나는 마약에 의존할 수밖에 없었다. 나는 마약을 통해 누구인가 하는 질문을 머릿속에서 잊으려고 하였다."

오바마는 자신의 정체성을 찾기 위해서 방황하고 있는데도 불구하고 자신의 상황과는 상관없이 외할머니와 외할아버지는 항상 일관된 사랑을 주었다. 어머니는 아들이 변해가고 있다는 것을 부모님에게 듣고 마음 아파했다. 비록 멀리 떨어져 있었지만 아들에게 편

| 외할아버지,
외할머니와 함께

지를 자주 보내 아들을 위로했다. 그리고 인도네시아에서 하는 일과
생활상을 소개하면서 오바마에 대한 애정과 조언을 아끼지 않았다.

오바마는 불량 청소년이 되느냐, 혼란에서 벗어나 정상적인 생활
을 하느냐의 결단에 놓여 있었다. 오바마는 자신을 사랑하는 외할
머니와 외할아버지를 생각하면서 이렇게 살면 안 된다고 생각했다.
어머니의 편지는 오바마에게 용기와 희망을 주었다. 오바마는 험난
한 세상을 벗어 나서 자신이 원하는 최초의 흑인 대통령이 되어야
한다는 생각에 자신과의 싸움을 시작하였다. 결국, 자신을 사랑하
는 사람들을 생각하면서 마약의 굴레에서 벗어나려고 노력했다.

2008년 대통령 후보 공개 토론에서 고등학교 시절 마약에 손댄
일이 자신이 저지른 '최대의 도덕적 과오'라고 말하였다.

04 농구를 통해 자신을 찾은 오바마

고민과 혼돈의 시절에 오바마를 바로 잡아준 것이 또 하나 있었다. 그것은 바로 농구였다. 오바마가 농구를 하게 된 것은 아버지가 크리스마스 선물로 농구공을 사 주면서부터였다 오바마는 틈나는 대로 아버지가 사 준 농구공을 가지고 농구를 하였다.

오바마의 농구 실력은 갈수록 좋아졌으며 고등학생이 되면서 농구단에 가입하였다. 오바마는 농구단에서 유일한 왼손잡이였고, 워낙 쟁쟁한 친구들이 많아서 주전 선수는 되지 못했다. 그러나 당시 농구부 코치는 말했다.

"오바마가 다른 팀에 갔다면 분명 주전 선수가 되었을 것이다. 오바마는 누구보다 열심히 연습하고 근면하기 때문이다."

실제로 오바마에게 농구는 자신의 근심과 걱정을 잊게 해준 방편이 되었고, 매일 다른 어떤 선수들보다 열심히 연습하였다. 오바마는 틈만 나면 농구를 하였다. 오바마의 슛은 매우 정확했다. 농구 실력이 향상되면서 친구들에게 친절하게 가르쳐주었다. 농구를 통해서 오바마는 인정을 받기 시작하였다.

오바마는 자신이 속한 동아리가 우승할 수 있도록 최선을 다했다. 결국, 1979년 졸업반일 때 오바마가 속한 농구팀은 주 대회에서 우승을 하였다.

오바마는 농구 코트에서만큼은 내가 어디에 속해 있는지를 명확히 알 수 있었다. 그리고 피부색이 검다는 이유로 어떠한 차별도 받지 않았고 백인 친구들과도 어울릴 수 있었던 것이다. 그래서 오바마는 더욱 농구에 열정을 바쳤다.

오바마가 농구를 할 때는 외톨이나 이방인이 아니었다. 그리고 자신이 노력하면 할수록 인정받았기 때문에 점차 자신감을 가지게 되었다.

| 고등학교 시절 농구하는 오바마

이때부터 오바마의 농구 사랑은 대학을 다닐 때나 지금까지도 틈
만 나면 농구를 하면서 시간을 보낸다. 농구는 오바마에게 있어서
변하지 않는 친구였으며, 농구를 통해서 자신을 찾는 중요한 시간
이 되었다.

| 1979년 푸나호우 학교의 졸업식 사진

05 정치에 관심을 갖게 된 오바마

오바마는 호놀룰루에서 지낸 자신의 성장기를 기억하며 다음과 같이 말했다.

"하와이에서 얻은 기회 - 상호 존중의 분위기 속에서 다양한 문화를 경험한 것 - 는 내 세계관에서 중요한 부분이 되었으며, 내가 가장 아끼는 가치의 근간이 되었다."

오바마는 자신이 경험한 인종 차별 때문에 고등학교를 졸업하고 본격적으로 사회 참여에 관심을 가지기 시작하였다. 오바마는 인종 문제가 개인의 문제가 아니라 사회 전체의 문제라는 생각을 가지고 세상을 바꾸어야겠다고 생각하였다. 오바마는 자신의 힘으로 인종 차별을 없애기 위하여 가난한 흑인들의 권익 보호를 위한 운동을 펼치기 시작하였다.

하와이에서 푸나호우 고등학교를 졸업한 뒤 오바마는 여러 대학에서 입학 허가서를 받았다. 그 가운데 오바마는 로스앤젤레스의 옥시덴틀 대학에 들어가기로 결정했다. 당시 옥시덴틀 대학은 스페인식 건물과 울창한 나무들이 많아서 보기 좋은 학교였다. 오바마가 옥시덴틀 대학을 선택한 이유는 상대적으로 흑인들이 많았으며 동아리 활동의 자유가 보장된 학교였기 때문이다.

오바마는 대학에서 자신의 생각과 동일한 목적을 가진 동아리 활동을 하고 싶었다. 그래서 오바마는 대학에 입학하여 아프리카계 미국인들이 모이는 반인종차별 정책 집회에 참여하기 시작하였다.

옥시덴틀 대학에서 2년밖에는 생활하지 못했지만 오바마에게 있어서 옥시덴틀 대학은 매우 의미 있는 곳이었다. 오바마는 반인종차별 정책 집회에 참여하면서 처음으로 정치 활동에 관심을 두기 시작했다.

오바마가 정치에 관심을 두면서 참여하게 된 사건은 '투자철회운동'이었다. 처음에는 가볍게 참여를 했지만 시간이 갈수록 중추적인 역할을 하였다. 연설을 주선하고, 유인물을 만들어 돌리고, 토론을 이끌었다. 시간이 지날수록 사람들은 흑인 청년 오바마가 하는 말에 귀를 기울이기 시작하였다.

오바마는 점차 사람들이 무엇을 절실하게 원하는지 알 수 있었다. 오바마는 점차 정치의 매력에 빠져들게 되었다. 오바마는 자신의 메시지를 전하고 사람들을 이끌고 싶었다. 그러던 차에 집회에서 시작 연설을 제안받았고 오바마는 흔쾌히 수락하였다.

오바마는 자신의 생각을 알릴 수 있는 좋은 기회라고 생각하고 연설을 잘하려고 온 힘을 다해 준비하였다. 오바마는 친아버지가 일일교사로 자신의 학교에 와서 수업하던 때를 떠올리며 자신 있게 강력한 연설을 해야겠다고 결심했다.

연설 당일 오바마는 자신이 준비해온 대로 연설을 하였다.

수백 명의 군중들은 대수롭지 않게 생각하다가 갑자기 오바마가 카리스마 넘치는 연설을 하자 하나둘씩 집중을 시작하였다.

오바마는 연설했다.

"누군가는 지금도 싸우고 있습니다! 이 싸움이 비록 바다 건너편에서 일어나고 있지만 우리 모두의 투쟁이기도 합니다. 이 투쟁은 우리가 알든 모르든, 원하지 않든 원하든 우리에게 선택을 요구합니다. 흑인 편이냐 백인 편이냐, 부자 편이냐 가난한 사람 편이냐 하는 게 아닙니다. 이런 문제가 아니라 더 어려운 선택을 해야 합니다. 그것은 바로 존엄성이냐 굴종이냐, 실천이냐 외면이냐, 정의냐 불의냐입니다."

군중은 얼어붙은 듯이 오바마의 연설에 집중하였다. 연설이 끝나자 박수가 터져 나왔다. 친구들은 말했다.

"정말 멋진 연설이었어. 오늘 집회가 너로 인해서 더욱 빛났어."

오바마는 태어나서 처음 하는 연설이었지만 자신에게는 군중을 장악하는 능력이 있다는 것을 깨달았다.

오바마는 짧은 연설이었지만 매우 흥분되는 일이었고 자신이 진정으로 하고 싶은 일이라는 것을 깨닫게 되었다. 그리하여 더욱 정치인이 되고 싶다는 생각을 가지게 되었다. 그날 이후 자신의 꿈을 실현할 수 있는 단체를 찾기 시작하였다.

06 정체성에 눈을 뜨다

오바마는 2년간 다니던 옥시덴틀 대학을 떠나기로 결심하였다. 마침 뉴욕에 있는 컬럼비아대학교에서 교환학생을 모집하였다. 오바마는 좀 더 큰 세상으로 나가고 싶었고, 미국의 심장이라고 할 수 있는 뉴욕에 있는 대학으로 가면 더 많은 사람들과 교류를 하고 많은 것을 배울 수 있다고 생각하였다. 오바마는 한 치의 망설임 없이 컬럼비아대학으로 가기로 결정했다.

컬럼비아대학에서는 정치인이 되고 싶은 자신의 꿈을 이루기 위해서 정치학과를 선택하였다. 그리고 고등학교까지 사용해 오던 배리라는 이름 대신 버락을 사용하기 시작한 것도 이때부터다.

원래 버락 오바마가 정식 이름이었으나 아프리카식인 데다 발음이 어려웠기 때문에 어머니와 외할아버지와 외할머니 등의 가족들은 자연스럽게 오바마를 영어식 애칭인 배리Barry로 부르곤 했다.

| 컬럼비아대학교 입학식

오바마는 옥시덴틀 대학에 진학하면서 갑자기 배리라는 이름을 버리고 대신 버락이라는 이름을 고집하기 시작했다.

오바마는 옥시덴틀 대학에서 가졌던 나쁜 생각이나 열등의식에서 벗어나기 위해 노력하였다. 오바마는 할렘가의 허름한 아파트에 살면서 일요일에는 금식을 하고 하루에 4.5km씩 달렸다. 쉬는 시간이나 수업이 없는 날은 뉴욕의 이곳저곳을 다니면서 세상을 알아가기 시작하였다.

여름에는 학비를 벌기 위해 공사 현장에서 일하기도 했다. 방황하느라 허비했던 시간을 보충하기 위해 오바마는 정말 열심히 살았다. 이런 노력으로 주변 사람들도 그를 인정해 가기 시작하였다. 당시 컬럼비아대학교의 학생들이나 교수들은 오바마를 도서관에서 시간을 보내는 성실한 학생으로 기억하고 있다.

오바마는 학교를 다니던 중 아버지가 케냐에서 교통사고로 사망했다는 소식을 접하게 된다. 아버지에 대한 기억이 별로 없던 오바마는 큰 슬픔을 느끼지는 못했지만, 어머니가 힘들어 하는 것을 보고 어렴풋이 상실감을 느꼈다.

오바마는 아버지의 사망 소식을 들은 후 자신이 무엇을 해야 할지 알기 위해서 더욱 열정적으로 학업에 집중하였다. 정치학에 집중하고 있던 그는 반 인종 차별 시위와 같은 흑인 학생단체 활동에도 정기적으로 참여하기 시작했다. 피부색이나 빈부를 떠나 이상적인 사회를 만들기 위해서 그는 적극적으로 노력했다.

TIP

오바마가 버락이라는 이름을 고집한 이유는 자신이 흑인으로서의 정체성에 눈 뜨고 자아를 찾기 시작하면서 나타난 변화의 결과라고 할 수 있다. 백인 주도의 사회에서 흑인들과 소수 인종들에 의해 이뤄지는 타협에 대한 저항감으로 작용했다. 자신이 흑백 양쪽 모두의 공포와 꿈들을 볼 수 있고 나아가 양쪽 모두를 이해할 수 있는 독특한 위치에 있음을 자각하게 된다.

07 지역사회운동가가 되다

오바마는 자신이 꿈꾸는 세상을 만들기 위해서는 자신과 나라의 변화도 필요하지만, 지역 공동체의 노력부터 시작해야 한다고 생각하였다. 그래서 오바마는 지역사회운동에 대한 관심을 가지고 지역사회운동가가 되기로 결심했다.

지역사회운동가가 되고 싶었던 오바마는 먼저 자신이 아는 모든 민간 운동단체와 일을 하고 싶다고 연락을 했다. 그리고 미국의 진보적이면서 영향력이 있는 모든 흑인 공무원, 지방의회, 주민관리단체에도 편지를 보내 오바마의 생각을 전했다.

하지만 어느 곳에서도 오바마를 알아주고 같이 일하자는 답장은 없었다. 오바마는 실망하지 않았다. 오히려 싸늘한 분위기 속에서 자신이 하는 일이 앞으로 얼마나 어려운가를 예측할 수 있었다. 오바마는 마음을 더욱 가다듬고 정말 최선을 다해 보기로 작정을 하였다.

오바마는 학자금을 대출받아서 학교를 다녔기 때문에 학자금 대출금을 갚아야 했다. 따라서 무작정 특별한 수입이 없는 사회운동가로서만 생활할 수 없었다. 그는 일단 회사에 들어가 돈을 벌면서 다시 기회를 만들기로 하였다. 그리고 다국적 기업들을 대상으로 하는 컨설팅 회사의 부연구원으로 취직했다.

오바마는 회사 내에서 유일한 흑인이었다. 백인 중심 회사이기에 피해를 보지 않을까 하는 부담을 갖고 있었지만 뜻밖에 회사에서는 오바마를 자랑스럽게 생각하였다. 오바마가 자신의 능력을 발휘하는 데는 아무 장애가 되지 않았다.

오바마는 정말 열심히 일했고 회사에서는 오바마를 인정하였다. 오바마는 빠른 시간에 자신의 사무실과 비서를 둔 재무설계사로 승진하였다. 오바마는 경제적으로 안정되어 갔으며 여유가 생겼다. 오바마는 여유 있는 삶에 익숙해지면서 지역사회운동가가 되고 싶은 자신의 꿈을 잠시 잊게 되었다.

그러던 중 갑자기 아버지와 첫째 아내 사이에서 태어난 이복누나 아우마에게서 전화가 왔다. 아우마 누나는 당시 독일에서 공부하고 있어 한 번도 만난 적은 없지만, 가끔식 편지를 통해서 안부를 주고받았었다. 원래 아우마 누나는 뉴욕에 올 일이 있어서 들르는 김에 오바마에게 들리겠다고 했다. 그러나 얼마 지나지 않아 아우마 누나는 갑자기 전화를 해서 이복동생인 데이비드가 오토바이 사고로 사망했기 때문에 일정이 취소되어 가지 못한다고 울면서 말했다.

오바마는 생각하지도 못했던 이복동생의 사망으로 갑자기 정체성에 대해서 또 한 번 혼돈이 일어났다. 얼굴을 한 번도 보지 못했던 이복동생의 죽음과 이복누나의 울음 속에서 오바마의 심정은 복잡해졌다.

"과연 그들은 누구일까?"

"죽은 동생은 죽기 전까지 무슨 일을 하고 살았을까?"

"나는 과연 그들에게 어떤 존재일까?"

오바마는 정체성에 대해서 혼돈이 생기면서부터 자신의 여유 있는 생활도 의미가 없어지기 시작했다. 자신도 정확히 모르면서 여유 있는 삶이 행복을 가져다주지 않았기 때문이었다. 오바마는 다시 자신에게 행복한 일을 찾기 시작하였다.

오바마는 다시 원래 꿈이었던 지역사회운동가가 되기로 결심하였다. 몇 달 뒤 오바마는 회사에 사표를 내고 지역사회운동가로 일할 곳을 본격적으로 찾아다니기 시작했다. 이번에도 많은 이력서를 보냈지만 연락이 오지 않았다. 오바마는 어쩔 수 없이 6개월 동안이나 실업자로 지내야 했다. 그러다 시카고에 있는 단체에서 오바마에게 일자리를 제안하였다. 오바마는 시카고에 가서 본격적으로 지역사회운동가로 활동하기로 결심하였다.

08 시카고에서의 지역사회운동

오바마는 지역사회운동가로서 첫 출발을 위해서 시카고로 갔다. 시카고는 오바마가 열 살 무렵에 외할머니, 어머니, 여동생 마야와 함께 한 달 남짓 여행한 적이 있었다. 시카고는 미국의 다른 지역에 비해서 인종 차별로 유명한 지역이었다.

오바마가 시카고에서 한 첫 번째 일은 위스콘신 철강 공장의 폐업으로 타격을 받은 흑인 거주 지역을 관리하는 일이었다. 오바마가 맡은 지역은 이전에는 철강 공장이 있어서 일자리도 많았고 경제적으로도 여유가 있었다. 그러나 철강 공장의 폐업으로 인해 지역주민은 일자리가 사라져 버렸다. 일자리가 없으니 자연스럽게 수입이 없어지고 상점들은 문을 닫게 되었다. 사람들은 일자리를 찾아서 떠나게 되었고 남아 있는 사람들은 어려운 삶을 유지해야 했다.

교육 환경도 열악해지고, 절도와 범죄가 증가하기 시작하여 지역 주민의 불만은 높아만 갔다. 오바마가 하는 일은 우선 지역주민을 단결시켜 그들의 생각을 정치가들에게 요구할 수 있도록 도와주는 것이었다. 그리고 지역주민을 위해서 더 좋은 학교, 더 좋은 교육 환경, 더 많은 일자리를 만드는 것이었다.

오바마는 우선 주민과의 대화를 통해서 그들이 가지고 있는 공동의 관심사를 찾아내고, 그 관심사를 이용해 주민의 참여를 유도하려고 했다. 그러나 지역주민은 외지에서 온 오바마에게 쉽게 마음의 문을 열지 않았다. 그들은 외지에서 온 오바마가 자신들을 이해하기 어려울 것이며, 이해를 한다고 해도 자신들에게 큰 도움이 되지 못한다고 생각하기 때문이었다.

오바마는 지역주민의 마음의 문을 열기 위해서 노력하였다. 오바마는 지역주민과 자주 만나다 보니 조금씩 친해지면서 주민의 마음의 문을 열기 시작하였다. 오바마는 사람들의 불만을 듣고 하나의 해결 방법을 만들어 행동으로 실천하도록 사람들을 설득해 나갔다. 일반적으로 사람들은 불만만 가지고 있지 그것을 해결하려고 하지 않았기 때문에 사람을 설득한다는 것은 어려운 일이었다.

오바마는 지역주민을 설득하기 위해서 그 지역주민의 아픔을 충분히 이해하고 그들의 입장에서 일을 추진하다 보니 지역주민의 욕구를 하나로 모을 수 있었다. 그리고 지역의 불만을 지역 발전으로 바꾸는 놀라운 경험을 하게 되었다.

TIP

시카고에서 지역사회운동가로서의 삶은 오바마에게 많은 경험을 할 수 있는 기회를 주었다. 꿈으로만 가졌던 지역사회운동가가 될 수 있었을 뿐만 아니라, 자신의 노력으로 지역사회를 바꾸는 경험을 할 수 있었던 것이다.

오바마에게 있어 이러한 경험은 자신을 진정으로 성인으로 만들어 주는 계기가 되었다. 그리고 인종 문제 때문에 정체성이 바르게 확립되고 강화되면서 자신이 평생 살아갈 목표를 만드는 계기가 되었다. 그리고 열심히 노력하면 모든 일은 이루어진다는 믿음을 갖게 되었다.

09 지역사회운동으로 자신감을 얻다

시카고에서의 지역사회운동은 오바마에게 새로운 인생의 전기를 만들어 주었다. 오바마가 시카고에서 대표적으로 성공한 지역사회 운동은 '알트겔드 가든 공공주택 계획' 이었다.

알트겔드 가든은 2,000세대 정도 되는 주택단지의 이름을 말한다. 당시 이 지역의 외곽에는 중서부 지방에서 가장 큰 쓰레기 매립장과 하수처리 시설이 둘러싸고 있었다.

쓰레기 매립장과 하수처리 시설 때문에 주변 강에는 오폐물이 흘러 강이 오염되어 기형 물고기가 살고 있었다. 하수처리 시설 주변에는 나무들이 자라지 않았으며, 주택단지는 항상 악취가 났다. 주택들이 냄새를 피하기 위해서 문과 창문을 모두 닫아도 집안까지 퍼졌다. 주택단지에 있던 공원에는 잔디밭도 사라지고, 화단은 황

폐해져 식물을 찾아보기 힘들 정도였다.

오바마는 알트겔드 가든의 실상을 직접 목격하고는 현실에 충격을 받았다. 주택 건설국에서는 처음에는 보수작업을 해주는 것 같더니 점차 뜸해지면서 결국에는 아무것도 해주지 않았다. 정부에서는 이곳을 왜 그냥 내버려 두는지 이해가 되지 않았다. 지역주민도 현실에 대한 불만만 많았지 어떻게 해야 할지 몰라 했다.

오바마는 알트겔드 가든의 문제를 해결하는 방법을 모색하였다. 시청에서는 더는 알트겔드 가든에 대한 사업이 없다는 것을 알고 오바마는 우선 지역주민의 목소리를 하나로 모으는 일을 했다.

오바마는 우선 알트겔드 가든을 활성화시키기 위해서는 우선적으로 직업훈련센터를 설립해야겠다고 생각했다. 오바마는 시와 협의하여 직업훈련센터 설립을 약속받았다. 지역주민은 시가 아무것도 해주지 않다가 오바마가 직업훈련센터 설립을 약속받은 것에 대해서 매우 반가워하면서 오바마에게 고마워했다.

오바마는 지역주민에게 처음으로 인정을 받았다. 오바마는 주민의 성원에 힘을 받아 더욱 열정적으로 남아 있는 문제를 해결하려고 하였다. 오바마는 알트겔드 가든의 일부가 석면이 사용되어 주민의 건강에 심각한 영향을 준다는 사실을 알게 되었다. 오바마는 주택건설국에 석면 사용 여부와 정도를 물어 지속적으로 제거 작업을 요구하였다. 주택건설국에서는 처음에는 숨기려고 했지만, 워낙 오바마가 집요하게 요구하였기 때문에 결국 석면의 위험이 노출된 곳을 전부 제거하기로 약속하였다.

오바마는 지역의 청소년들이 비행에 빠지고 방황하는 것을 보고 다음 사업으로는 청소년들을 위한 사업을 전개하기로 결심하였다. 오바마도 청소년 시절에 정체성의 혼란을 겪었고 방황하던 시절을 생각하니 가만히 놔둘 수가 없었다. 오바마는 먼저 위험에 빠진 청소년들을 상담하고 청소년을 위한 장기 프로그램에 그들의 부모도 참여시키는 청소년 상담 네트워크를 만들었다.

TIP

오바마는 이 일로 지역주민으로 하여금 주어진 일을 올바른 방법으로 해결하는 사람으로 평가를 받았다. 그러면서 점차 오바마는 점차 지역사회운동가로서 명성이 높아져 갔다. 오바마는 한 사람의 노력으로 지역을 바꿀 수 있다는 사실에 자신도 놀라웠다. 오바마는 이때 지역사회운동가로서 쌓은 경험을 바탕으로 나중에 정치인으로서 해야 할 일을 배우는데 도움을 받았다.

10 자신의 뿌리를 찾다

　오바마가 시카고에서 지역사회운동가로 활동할 때 이복누나 아우마가 찾아왔다. 이복동생의 죽음으로 만남이 이루어지 않다가 이제야 이루어진 것이다. 공항에 마중 나간 오바마는 한눈에 이복누나를 알아보았다. 이복누나도 오바마를 만난 적이 없지만 알아보고 반갑게 대해 주었다.

　두 사람은 한 번도 만난 적이 없었고 어머니도 달랐지만 같은 피가 흐른다는 사실을 서로가 깨달았다. 둘은 만나자마자 지금까지 지내온 이야기를 하느라 정신이 없었다. 이복누나도 독일에서 공부를 하기 때문에 흑인을 대하는 독일인의 태도와 그로 인한 외로움에 대해서 이야기했다. 둘은 서로 외롭게 자랐다는 것을 확인하고 서로의 입장을 이해하였다.

　저녁을 먹으며 이복누나는 아버지에 대한 소식을 전해 주었다.

아버지는 하버드대학을 마치고 케냐로 돌아올 때 세 번째 부인인 백인 여성 루스를 데려왔다고 했다. 케냐가 독립한 지 얼마 되지 않았고 인맥이 좋았던 아버지는 미국 석유회사에서 일했다.

아버지는 정부의 높은 사람들을 만나면서 정치에 대한 관심을 가지게 되었다. 그래서 아버지는 석유회사를 그만두고 케냐 관광청으로 직장을 옮겼다. 하지만 사회에 불만이 많았던 아버지는 정부의 블랙리스트에 올라 결국 쫓겨나게 되었다.

아버지는 자식들과 부인에게 술주정도 하고 폭력을 일삼았다. 자신을 몰라주는 세상이 싫었을 것이다. 그러다 교통사고를 당해 사망하였다. 그로 말미암아 가족들은 뿔뿔이 흩어지게 되었다는 내용을 전해 들었다.

오바마는 이전까지 아버지에 대해서 좋은 점만 생각하고 힘들 때마다 아버지가 보여준 당당함과 리더십을 떠올리며 롤모델로 삼았었다. 그런 아버지가 패배자, 술주정뱅이, 폭력 남편이라니 믿을 수가 없었다. 오바마는 아버지에 대한 환상이 깨지는 순간 삶의 교훈을 주는 정신적 지주를 잃어버렸다. 인생에서 본받을 만한 사람이 사라진 것이다.

오바마는 또 한 번 깊은 좌절에 빠졌다. 이제부터 어떻게 살아야 하는지에 대해서 또 한 번 진지하게 고민하기 시작하였다.

오바마는 갑자기 이복형 로이를 만나고 싶었다. 로이는 평화봉사단으로 케냐에 온 미국인과 결혼해서 미국 워싱턴에 살고 있었다. 오바마는 워싱턴행 비행기를 탔다. 이복누나 아우마와 대화하면서 이복형의 이야기를 듣고 갑자기 만나고 싶었던 것이다.

로이는 오바마를 반갑게 맞아 주었다. 둘은 서로 자라온 경험들에 대해서 이야기하면서 현재의 생활에 대해서 이야기를 나누었다. 로이는 미국에 적응을 잘하지 못해서 부인과 갈등이 있었다. 그리고 머지않아 이혼하게 될 것 같다고 말했다.

로이는 자신의 지금 상황이 아버지 때문이라고 하면서 아버지를 원망하였다. 이복누나는 아버지를 있는 그대로 이해하고 있는 반면, 로이는 아버지 때문에 상처받은 것을 용서하지 않았다. 그러면서도 장남으로서 가족들을 다시 한자리에 모이게 해서 같이 사는 것을 목표로 열심히 살고 있었다. 오바마는 이복형과 이야기하면서 아버지에 대해서는 더욱 안갯속에 놓인 것처럼 알 수가 없었다.

"도대체 아버지는 어떤 사람이었을까?"

어린 오바마에게 롤모델이었던 아버지가 이복누이나 이복형에게는 그렇게 생각되지 않았다. 이복누이나 이복형이 말한 아버지의 모습이 믿어지지 않았다. 오바마는 아버지를 직접 찾아 나서야겠다고 생각했다.

11 아버지의 고향 케냐를 방문하다

1988년 오바마는 아버지에 대한 혼란을 확인해 보고 싶어 휴가를 내서 케냐를 방문하기로 결심하였다. 그리고 자신이 백인 어머니에게서 흑인으로 태어났지만 백인 사회에서 차별을 받으며 정체성이 뚜렷하지 않은 상태에 있었기에 자신의 뿌리를 찾기 위해 케냐 여행을 하기로 한 것이다. 그동안 자신에게 해결되지 않은 정체성을 드디어 해결할 수 있는 기회라고 생각하였다.

당시 오바마는 백인 어머니와 케냐인 아버지 사이에서 혼혈아로 태어나 사회적 차별을 느끼고 있었고, 더욱이 어머니와 이혼한 후 케냐로 되돌아간 아버지의 고향을 방문하는 것은 쉽지 않은 결단이었다. 보통 사람이라면 과거의 기억을 지우기 위해서라도 아픈 과거가 시작하는 곳을 방문한다는 것은 생각하지도 않을 것이기 때문이다.

마침 독일에 있던 아우마 이복누나도 케냐로 돌아가 대학에서 강의를 하고 있었기 때문에 말벗도 생겨서 좋은 기회였다. 오바마는 케냐로 가기 전에 그동안 한 번도 가보지 못했던 유럽을 들러서 여행하기로 했다. 3주 동안 여행안내서를 들고 유럽의 남부와 북부 여기저기를 찾아다니면서 여행을 했다. 유럽은 오랜 역사 유적과 아름다운 경치들로 인해서 볼 것이 많았지만 마치 이방인이 초대받지 않은 여행을 한 것처럼 즐겁지가 않았다. 오바마는 괜히 유럽에 왔다는 생각이 들었다.

오바마는 유럽이 자신의 허전함을 채울 수 없다는 사실을 느끼면서 더욱 케냐에 가고 싶다는 생각이 들었다. 케냐에 가면 지금까지 찾지 못했던 자신의 뿌리를 찾을 수 있을 것만 같았다. 오바마는 바로 케냐로 가는 비행기를 탔다. 케냐에 도착해서 오바마는 아우마 이복누나와 같이 케냐의 나이로비의 여기저기를 다녔다.

오바마는 나이로비에서 아버지의 친척들을 만났다. 아버지의 부인들과 이복형제들도 만났다. 그들은 한 번도 보지 못했던 오바마를 환영해 주었고 가족처럼 대해 주었다. 오바마는 아버지들의 친척들을 만나면 어색할 것 같았지만, 직접 만나보니 어색함은 사라지고 오랫동안 같이 산 친형제들같이 금방 친해지는 것이 이상했다. 이것이 바로 가족이라는 생각이 들었다.

오바마는 내친김에 아버지의 고향이자 할아버지와 아버지의 묘가 있는 키수무라는 곳으로 가기로 했다. 키수무에 가기 위해서 오바마와 친척들은 기차를 탔다. 키수무에서 고향까지 들어가기 위해서 봉고차를 탔다. 고향에서는 삼촌들이 마중을 나왔다. 삼촌들의 안내에 따라서 할머니 집으로 갔다.

할머니의 집은 전형적인 아프리카 원주민의 집이었다. 허술한 집에 창문이 몇 개 있기는 했지만 빛이 제대로 들어오지 않았다. 집안의 벽은 각종 사진과 문서들이 가득 걸려 있었다. 오바마는 아우마 누나의 통역으로 할머니와 만남의 기쁨을 나누었다.

오바마는 짐을 풀고 로이 형의 안내에 따라 뒷마당에 있는 할아버지와 아버지의 묘에 갔다. 할아버지와 아버지의 묘를 본 오바마는 갑자기 말로 설명하기 어려운 복잡한 감정들이 한꺼번에 몰려들었다. 그렇게 찾았던 자신의 아버지가 돌아가셔서 묘 안에 있다는 것부터, 흑인 아버지로 인해서 지금까지 받았던 인종 차별과 편견에 시달리는 감정까지 매우 복잡하였다. 오바마는 한참 동안 묘 앞에서 깊은 생각에 빠졌다.

오바마는 아버지의 유품을 보고 싶었다. 할머니는 침실에서 낡은 가죽 트렁크를 꺼내 오바마에게 보여주었다. 유품에는 할아버지가 하인으로 일할 때의 기록부와 아버지가 각 대학에 보낸 추천서와 편지들이 있었다. 아버지의 편지를 읽으면서 오바마는 할아버지와 아버지의 일생을 눈앞에서 보는 것처럼 펼쳐졌다. 척박한 환경에서 살기 위한 생존을 하였을 할아버지와 미국에 가서 공부를 해야겠다는 아버지의 수많은 도전을 상상하니 자신의 나약함에 반성이 되었다.

오바마는 아버지의 노력과 도전을 확인하면서 그동안 아버지에 대해 가졌던 오해와 불만, 부끄러움을 느꼈던 자신이 바보였다는 것을 깨달았다. 오바마는 주체할 수 없을 정도로 눈물을 흘렸다. 지금까지 자신의 불행한 처지를 비관하였고, 그런 원인을 제공한 아버지가 미웠고 원망까지도 하였었다. 그러나 아버지에 대한 흔적들을 보면서 오바마는 아버지를 이해하게 되었다.

아버지는 왜? 아내와 어린 나를 버리고 돌아갈 수밖에 없었는지, 그리고 끝까지 자존심을 지키려고 정부와 맞섰는지, 케냐의 발전을 위해서 노력했는지를 이해할 수 있었다. 오바마는 아버지처럼 지역사회의 발전을 위해서 일하며 아버지가 이루지 못했던 지역사회운동가로 꼭 성공해야겠다는 결심을 다졌다.

오바마는 케냐에서의 여행을 정리하고 돌아갈 준비를 하였다. 아우마 이복누나는 물었다.

"케냐 여행의 소감은 어때?"

"가슴 깊게 가졌던 궁금증이 많이 풀렸어. 그리고 나의 뿌리가 무엇인지를 알게 된 좋은 여행이었어. 그리고 아버지에 대해서 이해할 수 있었으며, 아버지와 화해할 수 있는 여행이었어."

오바마는 훗날 "아버지의 땅에서 나의 미래를 그리게 됐다."라고 말했다.

오바마는 케냐 여행에서 자신의 뿌리를 확인하고 자신의 정체성을 확인할 수 있었다. 그리고 무엇보다 의미 있는 일은, 오바마가 미국에서 해야 할 지역사회운동가로서의 사명감과 성공해야 한다는 비전을 갖게 된 일이었다.

| 케냐의 가족들과 함께

오바마가 케냐를 방문한 것은 흑인 아버지를 부끄럽게 생각하지 않고, 자신의 존재성의 숭고한 뿌리로 받아들였다는 것을 의미한다. 오바마의 진실한 성품을 반영한 처사였던 것이다.

오바마는 케냐를 방문하면서 자신의 뿌리의 현장을 확인했다. 케냐를 방문하면서 오바마는 인생의 의미와 목표를 인종 문제로 분열된 미국 사회의 통합과 변화를 성취하는 것으로 결정하였다. 그리고 가난하고 약한 사람들의 힘이 되어 주는 것이야말로 자기의 필생의 꿈이라는 사실을 발견했다. 오바마는 케냐를 여행하면서 자신의 정체성을 찾으며 인생의 꿈을 설정하는 기회가 된 것이다. 결국, 케냐에서 가진 오바마의 꿈은 이루어져 미국의 제44대 대통령이 되었다.

12 학술지 편집장이 되다

　오바마는 케냐에서 돌아온 후 새로운 도전을 시작했다. 오바마는 시카고 지역사회운동가 생활을 통해 지역사회의 변화를 꿈꾸었지만 크게 변하지 못하는 현실을 보고 더는 지역사회운동가로 멈출 수가 없었다.

　오바마는 지역사회의 진정한 변화를 위해서는 지역사회뿐 아니라 국가의 법과 정치 체계를 변화시켜야 한다는 사실을 깨달았다. 지역사회운동을 한다는 것은 단지 운동만으로 되는 것이 아니라 법과 정치에 대해서 정확히 알아야만 법과 정치 체계를 바꿀 수 있다는 것을 알게 되었다. 그리고 결국에는 국가의 법과 정치 체계를 변화시키기 위해서는 자신이 큰 인물이 되어야 한다는 것을 깨달았다. 오바마는 자신이 법조인이나 정치인이 되어야 국가의 법과 정치 체계를 변화시킬 수 있다고 생각하고 법학을 공부하기로 결심하였다.

오바마는 자신의 꿈을 실현하기 위해서 반드시 필요한 전문성과 영향력을 갖추기 위해, 또한 꿈을 달성하기 위하여 로스쿨*에 입학하기로 하였다. 오바마는 미국의 로스쿨 중에서 가장 유명한 하버드, 예일, 스탠퍼드 세 곳을 지원했다. 하버드대학교 로스쿨에서 입학 허가서를 받고 27세의 나이에 입학했다.

1988년 하버드대학교 로스쿨에 입학한 뒤 오바마는 자신의 꿈을 이루기 위해서 최선을 다해 학교생활에 충실하였다. 오바마는 다른 학생에 비해 끊임없이 지식을 탐구하면서, 다양한 관점에서 세상을 바라보았다. 게다가 다른 사람을 배려하고 수용하는 자세와 타협을 잘해 친구들 사이에서 인기를 얻기 시작하였다. 오바마는 학교 성적도 매우 좋은 편이었으며, 글을 잘 쓰는 학생으로 인정을 받았다.

오바마의 인기가 높아지자 친구들은 《하버드 로 리뷰Harvard Law Review》**의 편집장을 뽑는다는 것을 알고 오바마에게 출마할 것을

---

* 로스쿨 : 법조계 인재를 양성하는 프로그램을 가르치는 전문대학원을 말하며, 로스쿨 제도는 미국 방식에 유례를 두고 있다.
* * 《하버드 로 리뷰》 : 하버드 로스쿨 학생들이 운영하는 연구 논문을 발표하는 학술지로 학술지 중에서 최고로 인정받고 있다.

권유하였다. 오바마는 지역사회운동가가 되기 위해 로펌회사에 취직하는 것을 목표로 했기 때문에 학술지 편집장에는 별 관심이 없었다. 그러나 친구들은 지속적으로 설득하였고, 오바마는 더 거절할 수가 없어서 후보로 등록하였다.

오바마는 19번째 마지막 후보로 등록되어 80명의 편집부원들로부터 검증을 받았다. 검증 내용은 법에 관련된 지식과 리더십이었다. 오바마는 쟁쟁한 경쟁자들과 치열한 경쟁을 하였다. 특히 흑인인 오바마는 인종 차별적인 문제로 인해서 손해를 보기도 했다. 그러나 오바마는 1990년 최고 권위의 로스쿨 학술지로 인정받는 《하버드 로 리뷰》의 첫 흑인 편집장이 되어 주목을 받았다.

오바마가 편집장이 되자 〈뉴욕 타임지〉에서는 '하버드대학교에서 104년 역사상 최초의 흑인 편집장이 나오다'로 소개되었으며, 국제적인 화제가 되었다. 나중에 오바마는 당시를 회상하며 말했다.

"나는 혼자 힘으로 이겼다. 내가 당선되었다는 것은 커다란 발전의 계기가 되었다. 그러나 모든 흑인들에게 일어날 수 있는 일은 아니다."

편집장 선거는 오바마에게 새로운 도전이었고, 흑인으로서 성공하려면 엄청난 노력이 있어야 한다는 것을 깨닫게 해준 사건이었다. 그리고 나중에 정치인이 되는 과정에서 수도 없이 치른 선거에 좋은 경험이 되었다.

　편집장의 역할은 생각보다 어려웠다. 학술지에 실릴 논문을 선택하고 결정하고 조정하는 일은 쉽지 않았다. 나름대로 미국에서 최고의 영향력이 있는 교수들의 글을 평가해야 하기 때문에 편집자들 사이에서 견해 차이로 분열과 대립을 자주 보였다. 오바마는 누구보다 다양한 삶을 살았기 때문에 폭넓은 시각을 가지고 조율을 잘해 나갔다. 오바마는 사람들에게 기분 나쁘지 않게 자신의 생각을 표현하고 실천해 나갔다. 편집부원들은 오바마의 리더십에 감탄하였고, 흑인 편집장을 따랐다.

　오바마는 편집장으로서 연방법원에서 1년 동안 판사로 일하면서 잠자는 시간을 줄여가면서 열심히 공부하였다. 드디어 1991년 하버드대학교 로스쿨을 수석으로 졸업하게 되었다.

오바마는 시간을 헛되이 보내지 않고 무엇이든 최선을 다해서 노력했다. 최고의 권위를 가진 학술지의 편집장으로 일하는 것만 해도 벅찬데 거기에 연방법원에서도 많은 일을 하였다. 그리고 잠을 줄여 가면서 공부하여 수석으로 졸업했다. 친구들은 오바마가 대단한 사람이라는 것을 깨달았다. 이때부터 사람들은 목표를 정하고 목표를 향해 달려가는 도전 정신과 방법적 실천과 주변을 수용할 줄 아는 오바마가 보통 사람이 아니라는 것을 깨닫고 존경하기 시작하였다. 오바마는 모든 일에 최선을 다함으로써 좋은 결과를 가져왔고, 사람들을 감동시켰다.

13 미셸을 만나다

오바마는 하버드 로스쿨 1학년을 마치고 첫 번째 여름에 시카고에 있는 '시들리 & 오스틴'이라는 대형 법률회사에서 준변호사로 일했다. 오바마는 로스쿨을 다니면서 학자금 융자를 받았기 때문에 융자금을 갚기 위해서 좋은 조건을 제시하는 회사를 무시할 수 없었다. 대부분 하버드 로스쿨을 졸업하면 로펌회사*에 일하려고 하였다. 로펌회사에 다닌다는 것은 고수입과 성공이 보장된 것이기 때문이었다.

오바마는 로펌회사에 첫 출근하는 날 회사로부터 도움을 받고 조

---

* 로펌회사 : 변호사들이 전문 분야별로 나뉘어 조직적으로 법률 서비스를 제공하며, 단 한 번의 사건 의뢰로 고객이 추구하는 바를 완벽하게 처리하는 서비스가 이루어진다.

언을 해줄 파트너를 소개받았다. 그는 바로 미셸 로빈슨이라는 젊은 여자 변호사로 지금의 부인이 되었다.

미셸은 오바마보다 세 살 어렸지만 대학을 졸업하자마자 하버드 로스쿨에 들어갔기 때문에 이미 변호사로 활동하고 있었다. 오바마는 미셸을 처음 만나면서 뭐라고 설명하기 어려운 인연이라는 것을 느꼈다. 오바마는 훗날 그때를 회상하며 말했다.

"미셸을 처음 보았을 때 키가 아주 마음에 들었다, 그녀는 키가 크고 멋있었으며, 블라우스를 입은 모습이 매우 아름다웠다. 그녀는 다정하였으며, 변호사로서도 전문성을 가지고 있었다."

미셸은 오바마에게 회사에서 근무하는 요령과 일의 진행 순서와 처리해야 할 일에 대해서 설명해주었다. 그리고 회사를 안내해 주었고 점심을 같이 하게 되었다.

미셸 로빈슨은 흑인 소방관 가정에서 태어나 프린스턴대학과 하버드 로스쿨을 나온 수재였다. 미셸은 연예·오락 산업 관련법을 전공했고, 법인에서는 지적 재산권을 담당하고 있었다.

처음부터 미셸에게 마음을 뺏긴 오바마는 그날 이후 데이트를 지속적으로 요구했지만 미셸은 거절하며 말했다.

"저는 당신이 일을 잘하도록 도와주는 조언자예요. 사적인 관계를 맺는 것은 불편해서 싫습니다."

미셸은 번번이 거절했지만 오바마는 포기하지 않았다. 결국, 미셸은 더는 거절하지 못하고 오바마의 데이트를 허락했다. 이후 둘은 자주 시간을 보내면서 사랑을 키워나갔다.

둘이 사랑을 나눈 지 6개월이 지났을 때 미셸의 아버지가 세상을 떠났다. 미셸은 슬픔에 잠기게 되었다. 오바마는 그녀에게 큰 힘이 되어 주었다. 두 사람은 더욱 가까워졌다.

오바마에게는 로펌회사에 다니는 것이 자신이 원하는 삶과는 동떨어진 일이었기 때문에 갈등을 겪기도 했다. 오바마는 다시 하버드 로스쿨로 돌아가서 학업에 열중했다. 그리고 졸업 후 다시 시카고로 돌아와 1992년 미셸과 결혼하였다.

| 미셸 오바마와 결혼식 장면

14 인권변호사가 되다

오바마는 로펌회사에 다니면서 마음이 편하지 않았다. 오바마에게 로펌회사를 다닌다는 것은 편안한 미래를 제공하지만, 그동안 같이 일했던 지역사회운동가들은 가난과 싸우고 있었다. 오바마가 로펌회사에 다니는 것은 자신이 원하는 삶과는 동떨어진 일이었기 때문에 갈등이 컸다.

시카고에 돌아온 오바마에게 명문 로펌회사에서 고액의 연봉을 제공하겠다고 입사를 권유하였다. 그러나 오바마는 소외되어서 자신의 도움이 필요한 사람들을 위해 일하고 싶었다. 돈이 많은 사람들은 얼마든지 훌륭한 변호사를 구할 수 있지만, 가난한 사람들은 제대로 변호사를 구할 수가 없었다. 오바마는 가난한 사람들을 위해서 자신의 능력을 사용하기로 마음먹었다. 사람이라면 누구나 돈의 유혹에서 벗어나기란 쉽지 않은데, 오바마는 자신이 목표한 길을 가기로 결심했다. 오바마는 인권변호와 저소득층의 변론을 주로 해주기로 유명했던 '마이너 반힐 & 갤런드'라는 작은 회사를 선택했다. 지금까지 자신이 경험한 차별과 가난에 빠진 사람들을 위해서 자신이 가진 능력을 활용하고 싶었다. 결국, 작은 로펌회사에서 오바마는 인권변호사로 활동을 시작하였다.

오바마는 학생을 가르치는 일에도 관심이 있어서 교수도 되어 보고 싶었다. 오바마는 자신의 꿈을 실현하기 위해서 시카고대학교 법학대학원에서 1992년부터 2004년까지 헌법학을 가르쳤다. 당시 시카고대학생들은 오바마를 미래의 미국을 이야기하는 독특한 법대 강사로 기억하고 있다.

오바마는 로펌회사에서 인권변호사로 활동하면서도 정치에 대한 관심도 많았다.

당시 미국에 있는 아프리카계 미국인들이 투표자로 등록하지 않아 자신들의 권익을 스스로 포기하는 일이 많았다. 오바마는 그것에 안타까움을 느꼈다. 그래서 오바마는 자신의 권익을 찾기 위해서 투표자로 등록하는 프로젝트를 진행하였다.

오바마의 이러한 활동은 금방 사회의 중요한 이슈가 되었다. 오바마의 활동을 지켜보던 민주당 당원들과 시카고의 성공한 흑인 사업가들은 오바마가 활동을 잘할 수 있도록 재정 지원을 해주었다.

오바마는 우선 직원 10명과 자원봉사자 700명을 모았다. 일리노이 주의 아프리카계 미국인 투표자 중에서 투표자로 등록하지 않은 40만 명에게 전화와 방문을 통해서 설득했다. 아프리카계 미국인들은 오바마로 인해서 자신들의 권리를 지키기 위해서 투표자로 등록을 하기 시작했다. 오바마의 노력으로 40만 명 가운데 15만 명이 투표자로 등록하였다. 이 일로 〈크레인스 시카고 비즈니스〉에서는 1993년 오바마를 지도자가 될 '40세 이하 40인' 가운데 한 사람으로 선정하였다.

| 시카고대학에서 강의할 때

03

대통령이 된 오바마

대통령이 된 오바마

오바마는 일리노이 주 의회 상원의원으로 정치를 시작하였다.

2007년 2월, 링컨 대통령이 노예해방 투쟁을 선언한 장소인 일리노이 주 스프링필드에서 대통령 선거 출마를 선언하고 민주당 대통령 후보 경선에서 힐러리 클린턴, 존 케리, 존 에드워즈 등과 경쟁하였다.

'변화와 희망'을 앞세워 2008년 1월, 첫 경선지인 아이오와 주 코커스에서 승리를 거둠으로써 돌풍을 일으키며 힐러리 클린턴과 치열한 경합 끝에 2008년 8월 민주당 대통령 후보로 확정되었다.

유권자들에게 '변화change'와 '우리는 할 수 있다Yes, We can'라는 희망으로 다가서면서 흑인뿐 아니라 백인들에게도 폭넓은 지지를 얻게 되었다.

이를 바탕으로 2008년 11월 4일 치러진 대통령 선거에서 상대 당인 존 매케인 후보의 2배가 넘는 선거인단을 확보하여 압도적 승리를 거두고 마침내 2009년 1월 20일, 제44대 미국대통령에 취임하였다.

2009년에는 노벨평화상을 수상하였다. 그리고 2012년에는 재선에 성공하였다.

01 주 상원의원이 되다

인권변호사로서 활동하던 오바마는 인권변호사로는 자신의 거창한 꿈을 이루는데 한계가 있다는 것을 깨달았다. 오바마는 자신의 활동이 영향력을 가지려면 권력이라는 날개가 있어야 한다고 판단하고, 정치라는 영역으로 뛰어들었다. 오바마가 정치에 참여했던 것은 권력 자체가 아니라 꿈의 성취를 위한 날개였다.

오바마는 정치에 뜻을 두고 있었다. 1996년, 오바마에게 새로운 기회가 찾아왔다. 오바마의 측근들이 오바마에게 일리노이 주 의회의 공석에 출마할 것을 권유하였다. 오바마는 자신에게 좋은 기회가 될 것으로 생각하고 일리노이 주 상원의원* 선거에 출마하였다. 오

---

* 상원의원 : 미국의 국회는 상원과 하원으로 양원제를 실시하고 있다. 상원은 미국 의회의 상급 의회로 부통령이 상원 의장이 된다. 각 주당 2명의 상원의원이 선출되어 100명의 상원의원으로 구성되어 있다. 임기는 6년이며, 2년마다 50개 주 중 1/3씩 연방 상원의원을 새로 선출하여 연방에 보낸다.

바마는 법을 사용하는 변호사도 해보고, 법을 가르치는 교수도 해보았지만 만족을 못하고, 법을 만드는 일에 참여하기로 한 것이다. 법을 만드는 것이 지역사회운동가나 인권변호사보다 많은 사람들을 만날 수 있고, 더 큰 영향력을 행사할 수 있다고 생각하였다.

오바마는 상원의원 선거에 본격적으로 뛰어들었다. 오바마는 지역주민을 일일이 찾아다니면서 자신의 생각을 전하고 지지를 부탁하였다. 정치판에 대한 불신을 가지고 있던 사람들은 오바마의 출마에 대해서 좋게 생각하지 않았다. 그러나 오바마는 반드시 세상을 변화시키겠다고 주민을 설득하였다. 오바마는 선거운동 기간 동안 설득력이 강한 연설로 사람들의 마음의 문을 열기 시작하였다. 사람들은 점차 오바마의 진정성과 젊음의 패기를 느끼게 되었다. 결국, 오바마는 일리노이 주 민주당 상원의원으로 당선되었다.

오바마는 상원위원이 되어 사법위원회, 지방자치위원회, 복지위원회에서 일했으며, 보건복지위원회 의장직을 맡았다. 그는 의원으로 활동하면서 주로 복지에 관한 법률 제정에 노력하였다. 그리고 소득에 따른 세금 공제 법안을 통과시켜 일리노이 주 전역에 걸쳐 각 가정에서는 1억 달러 이상의 세금 감면 혜택을 받을 수 있도록 하였다. 그리고 아이를 키우는 부모들을 위해서 유아기 교육 프로그램 확장을 통과시켰다.

그러나 무엇보다 성공적이면서 충격적인 것은 범죄자 조사 과정을 비디오로 녹화하는 법안을 통과시킨 것이다. 당시까지만 해도 범죄자가 되어 조사를 받는 과정에서 고문과 구타가 자주 발생하여 범죄자들의 인권이 무시되는 경우가 많았다. 문제는 범죄자가 아닌데 조사하는 과정에서 고문과 구타로 인해서 거짓 자백을 해 피해를 당하는 일이 종종 발생했다.

오바마는 이러한 문제점을 해결하고 아무리 범죄자라고 해도 인간으로서 인권을 존중받아야 한다고 생각했다. 그러나 오바마의 법안에 대해서 경찰과 검찰에서는 강력하게 반발하였고, 자신이 속한 민주당과 같은 당 소속인 일리노이 주 주지사도 예산이 많이 든다는 이유로 반대하였다. 그뿐만 아니라 의원들과 사형반대 단체들까지도 반대하였다.

오바마는 실망하거나 물러서지 않았다. 오바마는 서두르지 않고 한 사람 한 사람을 만나서 꾸준히 설득했다. 오바마는 검찰, 경찰, 변호사, 정치인들을 만나 법안의 필요성을 설명하였다.

"무고한 사람이 사형수가 되어서는 안 됩니다. 반대로 흉악범에게 자유가 주어져서도 안 됩니다. 녹화는 결백한 사람을 구할 뿐만 아니라 유죄를 결정하는 중요한 증거가 될 것입니다."

사람들은 오바마의 설득력에 감동을 받아 결국 법안이 통과될 수 있었다.

TIP

오바마는 정치를 하면서 자신의 소신을 지켜 갔다. 자신이 옳다고 생각하는 일에는 절대로 물러남이 없었다. 그뿐만 아니라 자신의 장점인 호소력 있고 효과적인 웅변술을 통해 한 사람씩 설득해 나갔다. 오바마는 어떤 일이든 꼭 이루어야겠다는 생각을 가지고 꾸준하게 실천하다 보면 분명히 이루어질 수 있다는 것을 보여 주고 있다. 변화가 오기만을 기다리지 않고 꾸준히 자신의 신념을 믿고 실천해 나갔다. 우리도 오바마처럼 꼭 해야 할 일이라면 중간에 포기하지 말고 최선을 다해 보는 것이 필요하다.

02 연방 상원의원이 되다

오바마는 주 상원의원이 되어 어떤 상원의원들보다 열심히 일했다. 민주당이 낸 법안 중에서 복지 분야 법안의 대부분은 오바마가 낸 것이었다. 오바마는 첫 번째 정치 생활을 인정받아 1998년에 총선에서 주 상원의원에 재선출되었다.

오바마는 주 상원의원으로 4년을 일하면서 더 큰 일을 하기 위해서 미연방 하원의원* 경선에 출마하였다. 그러나 2000년 민주당 하원의원 경선에서 패배하였다. 당시 오바마의 경쟁자는 바비 러시

---

* 하원의원 : 하원은 미국 의회의 하위 의회이다. 하원의원의 임기는 2년으로, 선거 때마다 전원을 새로 선발한다. 하원 선거 2회에 1회는 대통령 선거와 일치한다. 상원에 비해 권한은 뒤지나 의회의 가장 중요한 입법권은 상원과 동등한 권한을 가진다. 대통령 선거에 대해 선거인을 과반수 획득한 후보가 없는 경우는 하원이 대통령을 선출하는 권한을 가진다.

였다. 그는 1992년 하원의원으로 당선되어 활발하게 활동하고 있었고 영향력이 있는 인물이었다. 오바마는 러시를 경선에서 이겨야 하원의원 선거에 출마할 수 있었다. 투표 결과 러시는 61%, 오바마는 30%의 지지율로 러시에게 패배하였다.

오바마는 큰 무대에 서기 위해 도전했지만 결국 실패하였다. 오바마는 좌절하지 않고 자신의 실수와 잘못을 충분히 검토하여 다음부터는 그런 실수를 하지 않기로 결심하였다. 오바마는 다시 주의회로 돌아와 열심히 일했다. 오바마는 지역으로 돌아와 환경운동에 참여하였으며, 환경 단체들의 지지를 얻어냈다.

지역에서 오바마에 대한 인지도는 점점 높아졌다. 오바마는 다시한번 중앙으로 진출해야겠다는 생각을 가지고 도전하기로 결심했다. 그래서 이번에는 주의회 선거가 아니라 미 연방의회로 진출하려는 계획을 세웠다.

오바마는 2002년 10월, 미 연방 상원의원에 출마하기로 하였다. 오바마가 출마하자 주변 사람들은 오바마가 당선되기 어렵다고 예상했다. 이유는 하원의원으로 출마했다 낙선하였기 때문에 경쟁력이 없다고 생각하였으며, 민주당 내에서도 당선 가능성이 낮다고 인식되었기 때문이다. 오바마에게 도움이 될 상황은 아무것도 없었다.

열악한 상황에 놓여 있던 오바마에게 기회가 찾아왔다.

오바마는 시카고의 한 모임으로부터 미국의 이라크 침공에 대한 연설을 부탁받았다. 시카고의 반전 인사 2,000여 명이 모인 반전 집회였다. 오바마는 이 자리에서 이라크 침공이 잘못되었음을 거침 없이 비판하였다. 이 연설은 당시 강력한 지지를 받던 조지 부시 대통령에 대한 정면 도전장을 낸 것과 같았다. 미 연방 상원의원으로 출마를 선언한 입장에서는 상당히 위험한 발언이었지만, 오바마는 개의치 않고 자신의 소신을 나타냈다. 군중들은 오바마의 두려움 없고 자신 있는 연설을 보고 더욱 믿음이 생기기 시작하였다.

오바마가 연방 상원의원 선거에 나가기 위해서는 수백만 달러의 선거 자금이 필요했다, 선거에는 많은 사람이 필요했으며 홍보에도 엄청나게 많은 돈이 들어가기 때문이다. 이미 오바마는 하원 선거 에서 졌기 때문에 빚이 상당히 있었다. 그럼에도 불구하고 선거 자 금을 구하기 위해서 시카고에서 성공한 흑인 인사들을 비롯해 하버 드대학교 로스쿨 동문들과 시카고대학의 친구들을 찾아다니며 기 부금을 부탁하였다.

오바마는 기부를 받기 위해서 안면도 없는 사람들에게 전화를 해 서 하루에 네다섯 시간씩을 설득하였다. 그리고 틈만 나면 자신을 만나고 싶어 하는 사람들을 찾아가 대화를 나누었다. 오바마는 고작 두세 명을 위해서라도 기꺼이 찾아가는 것을 마다하지 않았다.

오바마를 한 번 만난 사람들은 오바마가 가진 설득력에 대부분 기부를 하였다. 더욱이 그가 가지고 있는 장점은 남의 이야기를 진지하게 들어주는 것이었다. 오바마가 성공하게 된 이유도 바로 이러한 경청을 잘하는 데서 온 것이라고 할 수 있다.

결국, 오바마는 어렵게 선거 자금을 구하면서 자신의 인지도와 신뢰감을 높여 갔다. 마침내 2004년 3월, 예비선거에서 오바마가 쟁쟁한 경쟁자들을 물리치고 52%의 지지율을 얻어 당선되었다. 상대 후보들은 막대한 선거 자금을 들여 홍보를 했음에도 오바마를 이기지 못했다.

예비선거에서 오바마의 반전은 곧 미국 전체의 관심사가 되었다. 특히 일리노이 주는 민주당에서 한 번도 이기지 못한 곳이라 대단한 관심을 갖는 지역구였다. 민주당에서는 오바마가 본선에서 승리한다면 민주당의 소원을 이루는 동시에 당시 민주당 내에서 유일한 흑인 의원이 되는 의미 있고 상징적인 일이었다.

오바마의 공화당 경쟁자는 잭 라이언으로, 그는 전직 기업체 회장 출신의 화려한 경력을 자랑하며 준수한 외모까지 겸비해 인기가 매우 높았다. 처음에는 오바마가 열세에 놓여 있었으나 라이언의 이혼 문제가 도마 위로 오르더니 결국 스스로 무너지고 말았다. 행운은 오바마 편이었다. 공화당에서는 앨런 키예스라는 정치인을 대신 내세웠다. 키예스는 보수적 성향을 가진 정치인으로 원래 메릴랜드에 살고 있었는데, 갑자기 후보를 대체하는 바람에 지지 기반이 거의 없는 일리노이 주에서 출마하게 되었다. 결국, 2004년 11월 선거에서 오바마는 70% 이상을 차지하는 압승을 거두었다.

오바마는 민주당의 소원이었던 일리노이 주에서 미 연방의 상원의원이 되었으며, 그것도 하원도 거치지 않고 바로 상원의원이 되었다는 점에서 세간의 주목을 받게 되었다.

03 대통령 기조연설로 유명해지다

2004년 여름, 오바마는 자신의 미연방 상원의원 선거운동으로 누구보다 바쁜 시절을 보냈다. 그런데 갑자기 보스턴에서 열리는 민주당 전당대회에서 존 케리 민주당 대선 후보 지지 연설을 해달라는 제안이 들어 왔다. 오바마에게는 충격적인 제안이 아닐 수 없었다. 오바마가 어느 정도 위치에 있고 성장하고는 있었지만, 아직까지 대통령 후보 지지 연설을 할 수 있을 정도의 경력은 아니었기 때문이다.

오바마는 아직 주 상원으로 미 연방 상원의원 후보에 불과했다. 더욱이 아직도 대중에게는 오바마가 잘 알려진 인물이 아니었고, 더욱이 존 케리와는 잘 알지도 못하는 사이였기 때문이다.

전당대회의 기조 연설은 대통령과 부통령 후보 연설과는 다른 것

| 존 케리리 대선 후보

으로 모든 정치인이라면 한 번쯤 해보고 싶은 연설이었다. 시청자
들의 최대 관심사이기도 하고 언론사에서도 매우 비중 있는 인물로
다루기 때문이다.

오바마는 4년 전에 민주당 전당대회가 있을 때 민주당 하원의원
경선에 떨어져 경제적으로 빚만 안고 있었고, 자신감도 바닥이었었
다. 친구들이 함께 가자고 해서 로스앤젤레스 공항까지는 갔지만
돈이 없어서 자동차도 빌릴 수도 없었고, 통행증도 없어서 TV로만
지켜볼 수밖에 없었다. 그러던 그가 4년 만에 기조연설자가 되어
전당대회 무대에 서게 된 것이었다.

오바마는 감격할 수밖에 없었다. 드디어 2004년 7월 27일 전국
시청자가 지켜보는 가운데 오바마는 연설을 시작하였다. 연설 제목

은 '담대한 희망'이었다. 오바마의 연설 내용은 진보와 보수, 인종 차별이 없는 하나의 미국을 지향하여 불안 속에서도 담대한 희망을 갖자고 주장하였다.

민주당 전당대회 시작 전 18분 동안 진행된 오바마의 연설은 TV를 보는 시청자들의 가슴을 흔들었다. 오바마는 기조 연설을 통해 민주당 대의원은 물론, 전국 시청자들의 주목을 받으며 스타 정치인이 됐고, 곧 이어 대선과 함께 치러졌던 상원의원 선거에서 70%의 득표율로 미국 역사상 흑인으로는 세 번째이자, 현역으로는 유일한 흑인 연방 상원의원이 됐다.

이후 민주당 후보들은 선거 자금 조성을 위한 연설이나 선거운동 지원 연설에 오바마를 불렀으며, 오바마는 민주당의 경쟁력에 힘을 실어 주었다.

미 연방 상원의원이 된 오바마는 윤리 및 의료 입법에서 민주-공화 양당의 지지를 받았다. 그는 저소득 노동자의 세액 공제를 올리는 법안을 발의하였으며, 복지 개혁을 놓고 협상했고, 아동 의료 보조금을 높이고자 노력하였다.

오바마는 연방 상원의원이 되면서 각종 법안을 만들어 통과시키면서 사람들 사이에서 점점 유명 인사가 되어 갔다. 오바마가 정치적으로 인정을 받으면서 2006년 12월까지 외교, 환경 및 공공사업, 퇴역

병 문제를 담당하는 각 상원 상임위원회를 맡아 활동하였다.

2007년 1월, 그는 환경 및 공공사업 상임위원회에서 나왔으며, 의료, 교육, 노동, 연금과 국토 안보 및 정무를 담당하는 상임위원회에 추가로 들어갔다. 그는 상원 유럽문제부위원회의 의장이 되었다. 오바마는 상원 외교 상임의원 자격으로 동유럽, 중동, 중앙아시아, 아프리카를 공식 방문하였다. 그는 팔레스타인 자치 정부의 대통령이 되기 전이었던 마흐무드 압바스와 만나기도 하였으며, 케냐 나이로비 대학교에서 케냐 정부의 부패를 비판하는 연설도 하였다.

04 대통령 후보로 나서다

　오바마는 혼혈인으로서 놀라운 성공이었지만, 그의 꿈을 위한 행진은 멈출 줄을 몰랐다. 민주당 전당대회 이후 오바마에 대한 사람들의 관심은 더욱 뜨거워져 갔다. 그리고 오바마에게 대통령이 되기를 주문하는 사람들이 늘어 갔다.

　오바마가 정식으로 대통령 선거에 출마하겠다는 의사를 밝히기 전부터 인터넷을 통해 1만 5,000명이 오바마를 대선 후보로 지지하는 서명운동이 시작되었다. 그리고 뉴햄프셔와 아이오와에서는 오바마가 대통령 후보임을 알리는 광고가 나왔다. 이것은 오바마를 출마시키려는 대중의 의도였다.

　오바마의 선거 운동에 자원봉사하겠다는 사람들이 이력서를 보내기도 했으며, 때마침 자서전이 베스트셀러 대열에 올랐다. 오바마는 더 미룰 수가 없었다.

드디어 오바마는 한파가 몰아치던 2007년 2월 10일, 일리노이 스프링필드에 있는 일리노이 주의 옛 주정부 청사 앞 광장에서 "우리 세대가 이제 시대적 소명에 답할 때"라면서 대통령 선거 출마를 선언하였다.

그가 대선 후보 출마를 선언했던 장소는 제16대 대통령 에이브러햄 링컨 전前 대통령이 지난 1858년 "내부가 갈라진 집은 서 있지 못한다"는 명연설로 흑인 노예 해방의 정치 투쟁을 시작했던 곳이다.

오바마는 올해 민주당 전당대회를 앞두고 바로 이곳에서 러닝메이트*인 부통령 후보로 지명한 조지프 바이든 상원의원과 함께 처음으로 합동 유세를 벌였다.

오바마는 처음으로 시작된 대선 후보 경선인 아이오와 코커스당원대회에서 최대 경쟁자였던 힐러리 클린턴 상원의원을 꺾고 승기를 잡은 뒤 그 여세를 몰아 슈퍼 화요일에 결정적인 승리를 거두었다. 마침내 5개월 간의 경선 레이스에서 승리를 확정 짓고 민주당의 첫

---

* 러닝메이트 : 두 관직을 동시에 뽑는 선거 제도에서 아래 관직의 선거에 출마한 입후보자를 일컫는 정치 용어이다. 흔히 미국의 정·부통령 선거에서 부통령 입후보자를 가리키는 말로 쓰인다. 중요도가 다른 두 관직을 한데 엮어서 뽑는 선거 제도에서 단순히 어느 한 쪽의 후보자를 가리키는 말로 쓰이기도 한다.

| 대선 후보 최대 경쟁자였던 힐러리 클린턴 상원의원 | 조지프 바이든 부통령 후보

흑인 대통령 후보로 공식 지명됐다.

대통령 후보가 되자 오바마를 비난하는 부정적 여론이 많았다.

"아직 흑인이 미국 대통령이 되기에는 이르다."

"경험 미숙으로 대통령직에는 역부족이다."

오바마는 부정적 평가에도 불구하고 경쟁 후보인 존 매케인과 조지 부시 현직 대통령을 한통속으로 묶으면서, 지금 미국에 필요한 것은 변화라고 외치며 민심을 사로잡았다.

오바마가 내 건 공약은, 명분 없는 전쟁이라고 반대해 온 이라크 전쟁에서 철군할 것과 전 국민 건강보험 혜택을 비롯하여 대학 교육비 절감, 중산층과 서민을 위한 세제 개편 등 사회복지 정책을 적극적으로 추진하고 대對 북한 정책에서도 전임 부시 정부와 달리 직접 협상 등 적극적 개입으로 한반도의 긴장을 완화시킬 것 등을 제시하였다. 그뿐만 아니라 미국의 경제 위기 해결의 적임자가 자기라고 주장하였다.

05 최초로 흑인 대통령이 되다

　오바마는 국민의 목소리에 귀를 기울였으며, 그들이 원하는 것이 무엇인지를 파악하여 선거 공약으로 만들었다. 오바마의 선거 공약은 미국의 해외 진출 강화, 이라크전쟁 종결, 노동자들의 의료보험 개발, 에너지 독립국으로서 국가 에너지 개발, 학교 개선, 국가 안보, 이민자 보호법, 국경지대 안전, 퇴역 군인들의 명예 수호, 백안관의 개혁, 가족과 사회의 결속을 높이겠다는 것 등이었다. 국민은 오바마의 공약들이 상대방에 대해서 신선하다는 생각에 오바마 쪽으로 많이 기울었다.

　그러나 오마바가 정치 경력이 짧다는 것과 학창 시절 마약을 한 경험을 가지고 문제 삼았다. 그럼에도 지지자들은 더욱 증가해 갔다. 당시 상황을 '오바마 열풍'이 불었다고 할 정도로 인기가 대단

했다.

오바마는 선거 자금 모금에서도 대선 출마 이후 6개월 만에 5,800만 달러로 역대 최고의 기록을 세웠다. 같은 민주당 의원들도 오바마의 인기가 이 정도인지 몰랐다고 했다. 대선 운동이 본격화되면서 오바마의 신변 보호 문제가 대두됐다. 연방 정부에서는 오바마가 최초의 흑인 대통령이 될 수 있다는 점에 재무부 비밀 검찰국의 보호를 받게 해주었다. 이러한 조치는 지금까지 한 번도 없었던 특별한 예우였다.

선거 초반에는 존 매케인이 러닝메이트로 임명한 당시 알라스카 주지사인 세라 페일린 돌풍에 오바마가 위기에 빠지기도 했다. 그러나 오바마는 끝까지 페이스를 잃지 않으면서 3번의 TV토론에서 완승을 거두었다. 유권자들에게 "변화change"와 "우리는 할 수 있다Yes, We can"라는 희망으로 다가서면서 흑인뿐 아니라 백인들에게도 폭넓은 지지를 얻었다.

미국민들은 오마바를 통해서 지금까지 정치에 싫증 나고 정체되어 있던 정치에서 새로운 변화를 원했고, 오바마는 이를 실현하기에 가장 적합한 인물로 인식된 것이다. 유권자들은 오바마를 통해서 희망을 보고 싶었던 것이다. 시간이 지날수록 오바마에 대한 인기는 높아 갔다.

이를 바탕으로 2008년 11월 4일 치러진 대통령 선거에서 공화당
존 매케인 후보의 2배가 넘는 선거인단을 확보하여 압도적 승리를
거두었다.

　　2009년 1월 20일에 제44대 미국 대통령에 취임하였다. 232년
미국 역사상 흑인이 미국 대통령이 되었다는 것은 처음 일어난 사
건이었다. 미국의 언론은 말했다.

　　"흑인이 대선 후보가 될 수 있다는 것 하나만으로도 역사적인 의
미가 있는데, 흑인이 대통령까지 되었다는 것은 미국의 역사상 가
장 위대한 사건이 되었다."

| 대통령에 당선된 오바마와 가족

오바마는 성장하면서 꿈을 키우고, 꿈을 달성하기 위해 믿음으로 온갖 장애를 돌파하였다. 오바마가 대통령이 되면서 그 전까지 미국 사회에 존재하던 인종 차별을 넘고, 보수와 진보의 대립을 넘으며, 이념과 빈부 귀천의 문제를 넘어 사회 통합이라는 거대한 목표를 향해 질주하고 있다. 그를 이처럼 끌어가고 있는 힘은 바로 사회를 변화시키겠다는 그의 꿈 때문인 것이다.

지금까지 미국은 이라크전쟁을 통해 입은 상처를 치유하기를 원하고 있고, 끝도 없이 추락해가는 경제적 위기에서 다시 번영의 시대로 상승하기를 갈구하고 있다. 다시 말하면 미국은 통합과 변화를 열망하고 있는 것이다. 오바마는 이 시대적 요구를 정확하게 파악함으로써 여기에 걸맞은 꿈을 미국민들에게 제시하여 미국민들의 마음을 사로잡았던 것이다.

06 노벨평화상을 수상하다

오바마는 대통령에 취임하여 이전 부시 정권의 일방주의 외교정책으로 교착 상태에 빠진 중동평화회담을 재개하는 데 힘썼다. 그리고 지구의 평화 유지를 위해 '핵무기 없는 세상'의 실현을 주장했고 핵무기 감축을 위해서 러시아와의 전략무기감축협정START-1 후속 협정을 하였다. 그뿐만 아니라 북한과 이란의 핵 프로그램 폐기 문제 등을 해결하기 위해 깊은 관심을 가지고 외교적 노력을 강화해 나가고 있다.

미국은 지금까지 국제 분쟁을 무력으로 해결하려는 분위기였는데, 오바마는 대화와 타협을 통해 국제 분쟁을 해결하려고 하였다.

이러한 노력으로 2009년 노벨평화상을 수상하게 되었다. 노벨평화상은 노르웨이 오슬로 노벨평화상 수상위원회에서 후보자들을 선택하고, 최종 심사에 통과한 후보자들을 선택한 뒤 마침내 그중에서 한 사람을 평화상 수상자로 지명하게 된다.

오바마는 '국제평화와 협력 강화를 위하여 기울인 비상한 노력'을 평가받아 노벨평화상 수상자로 선정되었다. 노벨위원회는 오바마 대통령이 국제무대에서 탁월한 외교적 능력을 발휘했고 세계 민주주의 증진과 인종·종교 간 장벽을 넘는 계기를 만들었다며 선정 이유를 설명했다.

이에 대해서는 오바마가 미국 역사상 첫 흑인 대통령이라서 세상 사람들로부터 과대하게 지나친 동정이나 격려를 받았다는 평도 있다. 그뿐만 아니라 대통령에 당선된 지 아직 10개월밖에 안 됐기 때문에 아직 가시적 성과를 이루지도 못한 시점에서 성급한 수상이라는 논란이 일기도 하였다.

현직 미국 대통령이 노벨평화상을 수상한 사례는 루즈벨트, 우드로 윌슨에 이어 오바마가 세 번째다. 1909년 제26대 대통령으로 재직한 시어도어 루스벨트는 임기 중인 1906년 러일전쟁을 종식시키는 데 기여한 공로를 인정받아 평화상을 받았다. 1919년에는 우드로 윌슨 제28대 대통령이 파리평화회의에서 국제연맹 설립을 주창한 점을 높게 평가받아 평화상을 수상했다. 윌슨 대통령도 재직 기간1913년~1921년 중 노벨상을 품에 안는 기쁨을 맛봤다.

퇴임한 대통령으로는 지미 카터가 노벨평화상을 받았다. 2002
년에 국제 분쟁 중재와 인권 신장에 기여한 공로로 노벨평화상을
받았다. 그러나 오바마처럼 빠르게 노벨평화상을 수상한 사람은 없
었다.

| 노벨평화상을 수상한 오바마

세계를 이끌어 가는 미국 대통령 오바마 리더십

07 오바마 재선에 성공하다

오바마는 대통령이 되어서 나름대로 공약을 실천하기 위해 노력하였다. 그러나 '변화'에 대한 열망을 안고 대통령에 당선한 오바마의 지지율이 지지자들의 실망으로 빠른 속도로 떨어지고 있었다. 취임 초 70%에 이르던 지지율은 대통령에 취임한 지 8개월이 갓 넘자 50%대까지 내려갔다. 일부 여론조사에서는 50%를 밑돌기도 했다.

오바마의 지지율이 떨어진 배경에는 오바마가 약속했던 개혁의 후퇴가 있다. 미국인들은 오바마가 대통령이 되어 전쟁이 끝날 줄 알았는데 전쟁은 끊임없이 이어지는데 실망을 하였다. 그리고 파산한 기업 CEO들에게 면죄부를 주는 경제 정책과 불충분한 서민 지원과 급증하는 실업 등에 실망하고 있었다. 그중에서도 지지부진한 의료 개혁은 사람들이 오바마에게 등을 돌리는 핵심 요인이 되었다.

오바마는 미국 의료 체계에 전 국민 의료보험을 도입하겠다고 했을 때 국민 대다수가 전폭적인 지지를 보냈다. 응답자의 85%가 오바마의 의료 개혁을 지지했다. 민주당이 백악관뿐 아니라 상·하원을 모두 장악한 상황에서 개혁에 대한 기대는 그 어느 때보다 높았다. 그러나 오바마의 '의료 개혁안'은 애초에 심각한 결함을 안고 있었다. 즉 정부가 운영하는 공공보험이 민간보험을 완전히 대체하는 것이 아니라 공공보험을 일부만 도입해 민간보험과 경쟁하게 만든다는 구상이었다.

민간 보험회사들이 의료 시장에서 얻는 수익성을 최대한 보장하면서 '의료 개혁'을 추진하려 한 오바마는 거대 제약회사·보험회사 대표들과 의료 개혁을 극렬히 반대하는 공화당 의원들과도 설득하고 타협하려 하였다.

이 과정에서 오바마의 '의료 개혁안'은 의료보험 제공 의무를 면제받는 중소기업이 늘었고 연방 정부가 저소득층에 제공하는 의료보험 가입 보조금은 줄었다. 심지어 오바마는 공공보험 도입을 포기할 수도 있음을 내비쳤다. 국민은 실망했으며 지지자들은 등을 돌렸다.

2012년 오바마는 임기를 다하고 다시 미국 대선에 출마하였다.

| 오바마와 롬니

상대는 미트 롬니로 기업인 출신 정치인이다. 공화당 소속으로, 매사추세츠 주지사를 지냈고, 2008년 대통령 선거에 출마해 예비선거에서 낙선하였지만 유력 공화당 후보로 인지도를 높인 인물이다.

롬니는 오바마 정권 출범 직후부터 2012년 대통령 선거 출마를 위해 착실하게 기반을 닦아 나갔다. 각종 여론조사에서 공화당 후보 선호도 선두권을 달렸고, 대통령 선거 공화당 후보가 되었다.

롬니는 첫 번째 대통령 후보 토론을 기점으로 지지율 상승을 그렸으나, 선거를 앞두고 미국 동부 지역을 덮친 허리케인 샌디의 영향과 높은 히스패닉의 투표율, 선거인단을 확보하기 위해 정성을 쏟았던 지역에서 30%대의 낮은 득표를 기록한 것이 원인이 되어 낙선하였다.

오바마가 다시 재선할 수 있었던 이유를 보면, 상대적으로 인정하고 포용하는 외교 정책을 펼쳤다는 것과 여성의 낙태 허용과 같은 여성 관용 정책으로 여성들의 인기를 받게 되었다. 그뿐만 아니라 선거 끝 무렵 가져다준 허리케인 샌디는 오바마가 재해 복구를 지휘하는 장면을 지켜본 국민에게 믿음을 주었다. 이외에도 비주류 흑인, 히스패닉, 아시아인종의 요구를 정확히 파악하여 그들을 포용했다.

결국, 오바마는 다시 미국의 대통령에 재선되었다.

04

오바마의 위대한 리더십

오바마의 위대한 리더십

리더십이란 원래 우리말로 지도력, 통솔력, 지휘력 등으로 번역되어 사용되고 있다.

즉 리더십은 한 개인이 다른 사람에게 목표를 향해 정진하도록 영향력을 행사하는 것을 말한다. 따라서 리더십은 오늘날 사회라는 조직 속에서 살아가기 위하여 매우 필요한 요소로 인정받고 있다.

오바마는 링컨과 케네디 전 대통령, 그리고 마틴 루터 킹 목사와 비슷한 성향을 가지고 있다. 왜냐하면 오바마는 링컨 대통령으로부터는 통합의 리더십을 배우고, 케네디 대통령에게서는 변화를, 마틴 루터 킹 목사에게서는 평등한 사회에 대해 배웠기 때문이다.

링컨과 케네디와 킹 목사, 이 세 사람의 공통점은 미국이 위기와 침체 상황에 빠져 있을 때 도전과 희망의 리더십으로 미국을 변화시킨 인물이라는 것이다. 오바마는 롤모델들에게서 리더십을 배우고 그들을 통해서 얻은 영감을 현시점에 맞게 재창조하는 능력을 보여주었다.

리더십은 타고난 재능이나 유전적인 영향을 받기보다는 계속해서 노력에 의해 발전된다. 그리고 리더십은 시간이 지나면 자동적으로 얻어지는 것이 아니라, 스스로 지속적으로 성공의 동기를 부여해야 가질 수 있다.

　　리더십이 후천적인 동기와 노력의 영향을 더 받는다는 것은, 노력하면 누구나 리더십을 가질 수 있다는 이야기이다.

　　오바마 또한 후천적인 노력으로 리더가 된 것이다. 오바마는 어릴 때 꿈을 가지고 그 꿈을 실천하기 위해서 노력하다 보니 대통령이 되었다. 이제 오바마는 미국의 대통령이 되어 미국인들에게 희망과 통합의 미래를 이끌려고 한다.

　　오바마와 같은 리더십을 가지고 싶은가? 그러면 그의 리더십을 따라 해보자.

01 꿈을 가져라

오바마는 자신의 꿈을 사회적 편견과 인종 차별이 없는 세상을 만드는 최초의 흑인 대통령이 되는 것으로 정했다. 사람은 꿈대로 살아가게 된다. 그래서 오바마는 대통령이 되었다. 오바마는 어릴 때부터 꿈이 대통령이었기 때문에 대통령이 될 수 있었던 것이다. 만약 오바마가 대통령이 꿈이 아니었다면, 그가 대통령이 되는 것은 불가능했을 것이다.

칭기즈칸이 유목민의 아들로서 목동으로 크겠다는 비전을 가졌다면 그는 목동으로 성공하였을 것이다. 그러나 그의 비전은 세계를 정복하겠다는 커다란 비전을 가졌기 때문에 세상을 정복하여 세계 역사상 가장 위대한 정복자가 되었다.

일본인들이 많이 기르는 관상어 중에 '코이KOI'라는 관상용 잉어가 있다. 이 잉어를 작은 어항에 넣어 두면 5~8cm밖에 자라지 않지만, 아주 커다란 수족관이나 연못에 넣어 두면 15~25cm까지 자란다고 한다. 그러나 강물에 방류하면 90~120cm까지 성장한다고 한다.

놀랄 만큼 성장할 수 있는 코이가 어항 속에서는 작은 관상어밖에 될 수 없는 이유는 코이가 어떤 환경이든 쉽게 스스로 적응해 버리기 때문이다. 익숙해진다는 것은 이렇게 무서운 것이다. '코이'는 자기가 숨 쉬고 활동하는 세계의 크기에 따라 작은 물고기가 될 수도 있고 큰 물고기가 되기도 하는 것이다. 꿈이란 '코이'라는 물고기가 처한 환경과도 같지 않을까? 더 큰 꿈을 꾸면 더 크게 자랄 수 있다.

성공하는 삶 역시 항상 커다란 꿈을 갖는 것부터 시작된다. 코이의 크기를 결정하는 것은 비록 환경이지만, 어떠한 환경을 선택할 것인가 하는 것, 즉 우리 스스로 어항에 머물도록 할 것인지 커다란 강으로 인도할 것이지 결정하는 것은 바로 우리 자신이기 때문이다.

그러나 어떻게 생각하면 이런 '꿈을 갖는다는 것'은 정말 쉬운 일이 아니다. 꿈과 목표라는 것은 누군가 나에게 쥐여 주는 것일 수도 있고, 스스로 세울 수도 있다. 한 번도 꿈을 가져야 하는지를 배워본 적이 없는 사람에게는 꿈을 달성하는 것 이상으로, 자신의 꿈을 찾는 것은 쉽지 않다. 오바마는 어려운 환경에서 자라면서 환경을 극복하기 위해 대통령이라는 꿈을 가지게 되었다.

오바마는 의도적으로 2007년 자신의 대통령 출마를 공식적으로 선언하는 장소를 일리노이 주 스프링필드의 옛 의사당 앞으로 결정했다. 그곳은 1858년 링컨이 상원의원 선거에 출마하면서 '절반은 노예이고 절반은 자유인인 분열된 가정'이라는 내용으로 그 유명한 〈분열된 가정〉이라는 제목의 연설을 한 곳이기 때문이다. 오바마는 링컨의 꿈과 자신의 꿈을 연결시킴으로써 링컨의 이미지를 자신의 이미지에 결합하고자 했던 것이다.

링컨은 1861년 있었던 그의 대통령 첫 취임 연설에서 노예제도의 문제로 시작된 국민 분열에 대한 통합 의지를 보였다. 링컨의 연설 골자는 한 국민은 서로 적이 되어서는 안 되며, 어느 때는 감정이 나빠질 수 있지만, 그것 때문에 서로 간에 애정을 끊지 말아야 하며, 이렇게 할 때 하늘의 도움으로 통합은 분명히 이루어질 것이라는 것이다. 바로 오바마는 링컨을 통해 통합의 꿈을 굳혔던 것이다.

꿈을 세웠다면 그 꿈을 달성하기 위하여 어떤 노력을 어떻게 해야 하는지 정확한 계획을 세워야 한다. 오바마는 대통령이 되기 위해서 먼저 지역사회운동가가 되어 지역사회의 변화를 이끌었다. 지역사회를 변화시키는데 지역사회운동만으로는 어렵다는 생각을 가지고, 하버드대학교 로스쿨에 입학해서 법을 공부하고 변호사가 되었다. 그러나 더욱 영향력을 행사하기 위해서는 직접 정치에 참여하는 계획을 세웠다.

TIP

　　꿈을 가진 사람은 항상 꿈을 생각하면서 실천하게 되고, 결국 꿈을 이루게 된다. 세상을 이끄는 리더들은 한결같이 큰 꿈을 가지고 꿈을 실천한 사람들이다.

　　꿈은 표현하지 않고 생각으로만 그릴 수도 있다. 그러나 꿈을 말로 표현하면 더 구체적이고, 더 강력해져서 이루고자 하는 힘이 훨씬 더 강렬해진다. 특히 한 집단의 리더가 되려면 개인의 꿈을 집단의 꿈으로 발전시켜야 한다.

02 긍정적으로 생각하라

사람은 환경의 동물이다. 즉 사람은 환경에 영향을 받으면서 성장한다는 것을 의미한다. 오바마는 문화적인 정체성에서 매우 혼란한 어린 시절을 보냈다. 그는 흑인 혼혈인으로서 아버지는 흑인이고 어머니는 백인이었으며, 나중에는 동양인 새아버지에 동생은 동양인 혼혈인으로 자신이 어떤 뿌리인지 알 수가 없었다. 어찌 보면 어릴 때 가질 수 있는 최악의 환경이라고 해도 과언이 아니었다.

더욱이 기독교가 지배하는 미국의 하와이에서 이슬람교가 지배하는 인도네시아의 자카르타로 가서 살다가 다시 외할아버지와 외할머니의 손에 맡겨져서 다시 하와이에서 생활하게 된 오바마는 문화에 대해서도 적응하기가 어려웠다. 오바마는 어디에 살고 있는지, 어떤 문화에 적응해야 하는지 혼란스러웠다.

하와이로 돌아온 어머니는 오바마를 하와이 최고의 명문 사립학교인 푸나호우에 입학시켰다. 그러나 푸나호우 학교에는 오바마 같은 흑인 아이가 눈에 띌 정도로 백인이 많았다. 오바마는 백인 학생들 속에서 편견과 인종 차별을 느끼면서 자라났다.

오바마는 자신의 불우한 환경을 탓하지 않고, 오히려 이러한 혼란스럽고도 아픈 경험을 통하여 세상을 널리 이해하는 눈과 남을 배려하고 화합하는 정신을 배우게 되었다. 이러한 배움은 결국 오바마를 대통령으로 만들어 주었다.

성공하는 리더는 오바마처럼 아무리 열악한 환경이라도 여건이나 상황을 따지지 않고 나에게 도움이 되는 환경으로 만들어 낸다. 그러므로 자신의 환경이 아무리 나쁘더라도 불만을 갖지 말고, 그 가운데서 이루어낼 수 있는 일이 무엇인지 생각해보고, 그 환경이 자신을 성공시켜 줄 것이라는 믿음을 가져야 한다.

오바마는 그가 어렸을 때 겪어 왔던 혼란스러운 체험들을 거부하지 않고 오히려 긍정적으로 인정하였다. 오히려 오바마는 어려운 자신의 환경을 적극적으로 받아들임으로써 그의 인생을 업그레이드하는 발판대로 삼았다.

오바마는 자신의 평생 숙제인 흑인으로 만든 케냐인 아버지를 부끄럽게 생각하지 않고, 오히려 케냐를 두 번씩이나 방문함으로써 자신의 뿌리를 찾고 정체성을 확립했다. 오바마는 백인 사회에서 흑인으로 성장하면서도 열등의식에 빠지지 않고, 학업에 최선을 다하여 하버드대학교 로스쿨을 수석으로 졸업했다.

오바마는 자신이 당한 차별과 어려움을 바탕으로 흑인들의 고통을 이해할 수 있는 감성을 갖게 된 계기가 되었고, 약자의 슬픔을 가슴으로 느끼고 그들을 품을 수 있는 공감대를 갖게 되었다. 오바마는 여기서 멈추지 않고, 가난한 사람들과 소외된 사람들이 다 같이 잘사는 사회를 만들려는 생각을 가지게 되었다.

TIP

우리의 삶은 우리가 선택한 결과이다. 지금 주어진 환경에 대해서도 긍정적인 환경이냐, 부정적인 환경이냐는 자신이 선택하기 나름이다. 오바마도 자신이 처한 환경을 나쁘게만 생각했기 때문에 비관적인 삶을 살면서 마약에 손을 대기도 했다. 만약 오바마가 자신의 환경이 계속 나쁘다고 생각했다면 백인들을 증오하면서, 불만과 원한이 가득한 채 살아가는 한 많은 흑인이 되었을 것이다. 그러나 오바마는 자신의 환경을 받아들이고 발전하려는 의지를 가지고 있었다.

오바마는 "난 할 수 있어.", "난 멋있어.", "난 잘될 거야.", "난 행복해.", "난 아름다워.", "난 장점이 많아.", "불가능은 없어."라고 생각하면서 살았다. 이런 생각 때문에 오바마는 항상 밝고 긍정적으로 살 수 있었다.

리더가 되기 위해서는 긍정적이어야 한다. 리더가 가지고 있는 긍정은 바로 비전을 만드는 원동력이 되고, 도전하는데 실천의 힘이 되며, 따르는 사람들에게 힘을 주는 가장 중요한 리더의 요소이다. 여러분들도 자신의 환경이 나쁘다고 해서 나쁘게만 생각할 것이 아니라 긍정적으로 생각하면 자신을 발전시킬 수 있는 환경이 될 수 있다는 것을 명심하자.

03 믿음을 주어라

리더십의 덕목으로 가장 많이 거론되는 것이 바로 신뢰이다. 신뢰는 굳게 믿고 의지하는 것을 말한다. 리더가 되려면 구성원들에게 신뢰를 주어야 구성원들이 리더를 따르게 된다. 리더가 신뢰감을 주기위해서는 말과 행동이 같아야 하며, 자신이 한 말에 대해서는 반드시책임지는 사람이 되어야 한다. 리더가 높은 윤리의식을 가지고 행동하게 되면 구성원들은 리더의 행위와 사고를 예측할 수 있게 되어 더욱 리더를 신뢰하게 된다.

국민을 대신해 나라를 대표하는 정치인에게는 신뢰가 더욱 중요하게 요구된다. 그러나 오늘날 정치인들은 국민에게 신뢰감을 주기는커녕 배신감을 주기도 한다. 이로 인하여 국민은 날이 갈수록 선거와 정치 참여에 냉소적이고 무관심한 반응을 보이는 것도 이런 이유 때문이다.

오바마는 사람들이 자신과 같은 정치인을 신뢰하지 못한다는 것을 잘 알고 있었다. 오바마는 나라를 대표하는 정치인들이 신뢰를 받지 못함을 간파하고 선거에 나와 말했다. 그래서 정치인이기 이전에 그는 한 사람의 시민으로서 정치와 정치인이 가진 문제점들을 파악하고 비판했다.

"저는 사람들이 정치에서 가장 배고픔을 느끼는 부분이 바로 신뢰성이라고 생각합니다. 그리고 저는 여느 정치인들과는 달리 투명하고 공정한 정치를 하겠습니다."

그는 대선 출마 이후의 연설에서 보수적인 워싱턴 기성 정치권의 신뢰 회복과 공정하고 투명한 정치 제도 개혁을 약속하기도 했다.

오바마는 자신의 연설처럼 지금까지 다른 정치인들과 달리 투명하고 공정한 정치를 통해 국민으로부터 신뢰를 받고 있다. 오바마는 자신이 정치를 하면서 약속한 일에 대해서는 최대한 지켜가며 리더가 놓치기 쉬운 말과 행동을 일치시켰다. 사람들에게 믿음을 줄 수 있는 정치인이란 이미지는 흑인 혼혈인 오바마에게 있어서 커다란 힘이 아닐 수 없다.

오바마가 이처럼 국민에게 신뢰받는 정치인이 될 수 있었던 것은 어머니의 가정교육으로부터 시작했다고 할 수 있다. 어머니는 어린 오바마와 같이 인도네시아에서 살면서 오바마에게 수시로 가르쳤다.

"네가 진정한 어른으로 성장하고 싶으면 소중하게 여겨야 할 덕목들이 있다. 그것은 정직하라, 정정당당해라, 솔직하라, 흑인으로서 자부심을 가져라."

어린 오바마는 일상생활 속에서 정직하고 정당하게 살려고 노력하였다. 이러한 노력으로 결국 말과 행동의 일치를 가져오는 리더가 될 수 있었던 것이다.

TIP

리더가 가지는 정직하고 솔직하며 믿음을 주는 행위는 무한한 신뢰를 낳는다. 지금 전 세계에서 부는 오바마 열풍, 오바마 신드롬은 결국 이 신뢰에서 비롯된 것이다. 오바마가 국민에게 신뢰를 받는 이유는 말과 행동이 일치되고 자신의 약속에 대해서 책임을 지는 정치를 하고 있기 때문이다. 이러한 신뢰감은 국민에게 감동을 주기에 충분하였다.

따라서 오바마처럼 리더가 되기 위해서는 구성원들에게 신뢰감을 주어야 한다. 구성원들에게 신뢰감을 주기 위해서는 오바마처럼 솔직하고 정정당당하게 살면서 일관성 있는 말과 행동으로 믿음을 주어야 한다. 구성원들은 믿음을 주는 리더를 따르고 존경하게 된다.

04 변화와 혁신정신을 추구하라

오바마가 역할 모델로 삼은 사람은 존 F. 케네디 전 대통령이었다. 오바마는 대통령 선거를 위해 전략적으로 케네디의 이미지를 자신의 이미지에 접목하여 '검은 케네디'의 이미지를 그려내려고 하였다.

존 F. 케네디는 상원의원을 거쳐 대통령에 취임할 때, 낡은 정치에 도전하면서 새로운 시대에는 새로운 변화를 이루어야 한다는 변화에 대한 의지를 강력하게 드러냈다. 존 F. 케네디는 1960년 7월의 민주당 대통령 후보 수락 연설에서 "우리의 관심사는 미래에 있어야 한다. 세계는 변화하고 있기 때문이다. 구시대는 끝났고 구식은 이제 통하지 않는다."라고 외치면서 변화를 주장했다. 오바마도 케네디처럼 세상을 변화시키려고 하였다.

변화란 결코 쉽지 않은 일이다. 사람들은 변화하는 것보다는 익숙한 것을 좋아한다. 그러나 급변하는 사회에서 변화하지 못하거나 변화에 쉽게 적응하지 못하는 조직이나 사람은 도태되기에 십상이다. 세상의 변화를 따라가지 못하면 결국 세상을 살아가지 못하게 된다.

그러나 성공한 사람들은 일반적으로 변화를 주도한다. 항상 새로운 것에 목말라 하며 현실의 부족한 부분을 채우기 위해 노력한다. 빌 게이츠는 변화가 세상 어느 것보다 영향력이 있으며, 자신의 성공 비결을 변화라고 말했다.

"나는 힘이 센 강자도 아니고, 그렇다고 두뇌가 뛰어난 천재도 아닙니다. 날마다 새롭게 변했을 뿐입니다. 그것이 나의 성공 비결입니다."

기회란 가만히 있는데 찾아오지 않는다. 오히려 안정된 상태에서 시간만 보내면서 기회를 기다린다면 오히려 세상의 변화에 제대로 적응을 못 해 사회에서 도태되기 쉽다.

오바마는 변화를 좋아하는 사람이다. 오바마는 사람들의 희망이 새로운 세계로 변화를 할 때 생기는 것이라고 생각하였다. 그리고 미국민들이 원하는 것이 변화라는 것을 알고 있었다.

변화는 분열된 낡은 정치를 버리고 새로운 시대가 열리기를 갈망하는 미국인들에게 꼭 필요한 것이었다. 오바마는 "우리가 믿을 수 있는 변화Change We can Believe in"라는 간단한 슬로건으로 세상을 움직이는 힘을 보여주었고 변화에 대한 그의 신념을 읽을 수 있다. 그는 자신의 연설에서 항상 변화를 강조하였다. 오바마의 명연설 중에 다음과 같은 것이 있다.

"우리는 변화시킬 수 있습니다. 우리는 이 나라를 화합시킬 수 있습니다. 우리는 우리의 미래를 붙잡을 수 있습니다."

오바마는 변화만이 미국을 화합시킬 수 있으며, 미래를 붙잡을 수 있다고 주장하고 있다. 현재 미국은 경제적으로나 정치적으로나 어려운 상황에 빠져 있다. 이러한 상황에서 오바마는 변화만이 미국을 변화시킬 수 있다고 모두 함께 변화를 향해 나아가자고 말하고 있다. 그래서 변화를 꿈꾸는 미국민들에게 오바마는 희망이 되고 있는 것이다.

오바마는 연설뿐만이 아니라 실제로도 변화하는 리더로서 모범을 보여 주고 있다. 오바마는 새로운 시대에 맞도록 정부의 조직을 바꾸고 정책을 만들어서 실천하고 있다. 이러한 리더의 솔선수범은 사람들을 행동하게 만들고, 변화를 따라가게 한다.

　오늘날처럼 빠른 변화가 주도하는 세상에서 살아가기 위해서는 새로운 변화, 새로운 기술을 배워가야 한다. 변화하는 세상을 이끌어 가기 위해서는 내가 먼저 변하는 것이다. 그러나 많은 사람은 변화에 대응하기보다는 현실에 안주하고 변화를 거부하다 보니 세상의 변화 물결에 적응하지 못하여 도태되게 된다.

　안정적인 삶은 편함을 주지만 성공할 수 있는 기회는 오지 않는다. 오바마는 가만히 앉아서 기회를 기다린 적이 없다. 흑인 혼혈인으로 어린 시절 정체성의 위기에 빠져 마약에도 손을 댔지만 그는 변화를 선택했다. 그는 기회를 만들기 위해서 도전을 했고, 간절히 원한 만큼 최선을 다했으며, 그 결과 미국의 대통령이 될 수 있는 기회가 찾아오게 된 것이다. 기회가 오지 않는다고 하늘을 원망하지 말고 기회를 만들기 위해서는 변화를 해야 한다. 변화가 기회의 열쇠임을 깨닫게 될 것이다.

05 다양함을 인정해라

오바마는 백인이 주도하는 세상에서 흑인으로 인종 차별을 받으며 살아야 했다. 오바마는 백인이 많이 사는 하와이에서, 동양인이 사는 인도네시아에서, 흑인이 사는 케냐에서 상상하기 어려운 정체성의 혼란과 갈등의 터널을 통과해야만 했다.

오바마는 인종적, 종교적, 문화적으로 소속이 불분명했기 때문에 정체성의 갈피를 잡지 못하고 혼란 속에서 좌절로 어린 시절을 보내게 되었다.

하와이, 케냐, 인도네시아, 인종 차별, 이슬람의 흔적, 아이비리그, 인권변호사, 도심 빈민운동 등 그의 삶의 자취는 다양하고 독특하다. 오바마는 이런 경험 속에서 다양성과 서로의 다름을 인정하는 자세를 배우게 되었고, 분열에서 통합이라는 정치 의식으로 발전한다.

오바마는 이후 자신에 반대 의견을 갖거나 이의를 제기하는 사람들을 무시하거나 무조건 강하게 밀어붙이지 않았다. 오히려 오바마는 편견과 견제 대신 포용력 있는 자세로 일관하며 왜 자신이 그러한 의견을 낼 수밖에 없는지에 대해 설득하는 태도를 취했다.

세상은 점차 복잡해지면서 사람들은 각자 다양한 생각을 가지게되었다. 따라서 리더가 되기 위해서는 개인이나 여러 집단이 기본으로 삼는 원칙이나 목적이 서로 다를 수 있음을 인정하는 자세가 필요하다. 다양함을 인정할 때 다양한 정보를 선택하게 되고, 여론 형성 과정에서 의사 결정이 좀 더 자유롭고 다양해질 수 있다. 그리고 소수의 의견도 수용될 수 있다는 장점이 있다.

미국은 지금 라틴계 미국인, 아시아계 미국인, 흑인과 아시아인 등 미국의 소수 민족들이 40여 년 후에는 더 이상 소수 민족이 아니라 백인과 비슷해지거나 다수가 될 수도 있다는 전망이 나오고 있다. 그렇게 되면 모든 사회 분야에서 엄청난 변화가 일어나게 될 것이다. 오바마는 이러한 변화를 알고 있기에 이제 그 변화에 대한 준비로 통합과 다양성을 인정하는 미국의 리더가 되고자 한다.

오바마는 다양함을 인정하려면 일단 생각의 폭을 넓혀야 한다고 말한다. 오바마는 어릴 때부터 그의 어머니로부터 어떤 일을 하게 되면 꼭 받았던 질문이 있었다.

"네가 그렇게 하면 느낌이 어떨 것 같니?"

오바마는 성인이 되면서 어머니의 질문을 항상 명심하면서 살았다. 그는 자신이 어떤 일을 할 때마다 나의 행동으로 말미암아 다른 사람들은 어떻겠느냐는 상대방을 배려하는 마음을 가지고 일을 한다. 오바마는 나와 다르다고 해서 무시하지 않고 상대방의 입장을 헤아려 보는 정치를 해서 지지자들에게 인기를 얻고 있다.

TIP

다양함을 인정하기 위해서는 상대방을 이해하는 데서부터 시작해야 한다. 다시 말해 자신이 직접 경험하지 않고도 다른 사람의 감정과 상황을 거의 같은 내용과 수준으로 받아들이는 것을 말한다. 상대방을 바르게 이해하기 위해서는 상대방이 말하고자 하는 내용과 주제를 관찰하고 대화 과정 내내 상대의 감정, 태도 및 신념처럼 쉽게 나타나지 않는 부분까지도 정확하게 분석하여 이해하고자 노력해야 한다.

상대방이 자신에 대하여 충분히 이해하고 있음이 전달되면 나를 보다 신뢰하게 되어 곧 마음의 문을 열고 긍정적인 생각을 하게 된다. 상대방이 긍정적이 되면 내가 원하는 대로 움직여 준다. 사람들을 내 사람으로 만들고 내가 원하는 방향으로 움직이게 하려면 사람들의 다양함을 인정하는 것부터 시작해야 한다.

06 통합시켜라

사회가 발전할수록 사람들의 욕구는 다양해진다. 이러한 욕구가 조절되지 않으면 갈등이 발생하게 된다. 사회적인 갈등은 반목과 대립을 가져오고 심한 경우 사회의 분열을 일으킨다. 오바마는 2004년 민주당 전당대회에서 기조연설을 할 때 연설의 주제는 '담대한 희망'이었다. 이 연설에서 오바마는 변화와 더불어 흑백 문제와 정치 문제로 분열된 미국이 이제 통합할 때임을 강력하게 외치면서 통합이 현재 미국에서 가장 중요한 목표임을 공표했다.

오바마는 연설에서 미국이 레드 스테이츠미국 공화당을 지지하는 성향이 있는 주와 블루 스테이츠미국 민주당을 지지하는 성향이 있는 주로 나누어진 나라가 아니라고 역설했다. 그리고 미국에는 흑인 아메리카, 백인 아메리카, 라틴계 아메리카, 아시아계 아메리카도 존재하지 않고, 오로지 '아메리카 합중국'만 있을 뿐이라며 통합에 대한 중요성을 강조하였다.

오바마의 연설은 사람들의 가슴에 신선한 충격을 안겨주었다. 그 후 사람들은 오바마가 분열된 미국을 통합할 수 있는 정치인이라고 생각해서 오바마를 상원의원으로 뽑아 주었다. 점차 기조 연설의 핵심 주제였던 통합이 오바마의 정치적 브랜드가 되었다.

오바마는 연설할 때마다 통합을 강조하였다. 오바마가 통합을 강조한 것은 인종이나 당에 편협하지 않은 열린 사고를 가진 사람으로 보이려는 전략적 측면도 있겠지만, 어찌 됐든 '통합'이란 말은 많은 사람을 오바마의 새로운 지지자로 편입시키는 더 큰 역할을 했다.

"나는 흑인을 위한 오바마도 아니고, 백인을 위한 오바마도 아니고, 황인을 위한 오바마도 아니고, 여성을 위한 오바마도 아니고, 남성을 위한 오바마도 아니고, 동성애자를 위한 오바마도 아니고, 오로지 미국을 위한 오바마입니다."

오바마는 항상 통합을 강조해서 자신이 대통령이 되면 사회적 약자, 이를테면 흑인이나 가난한 사람들을 아울러서 그들의 인권을 보장하겠다고 주장하였다. 오바마는 대통령이 되어서도 약속처럼 흑인이나 가난한 사람들에 대해서 끊임없이 관심을 가졌다. 그래서 오바마에 대한 인기는 가진 사람들뿐만 아니라 사회적 약자들도 골

고루 오바마를 지지하고 있다.

오바마는 그 누구에게도 억울함이 없는 세상을 만들어내는 정치를 하려고 노력하고 있다. 소외 계층은 자신들의 권리를 대변하고 사회를 통합하려는 오바마에게 열광하고 있다. 사람들은 자신을 알아주는 사람을 위해서 목숨도 바치기 때문이다. 오바마는 이러한 지지층들 덕분에 재선에서 성공할 수 있게 된 것이다.

오바마는 사회 통합을 하는 과정에서 갈등이 생기면 상대방의 이야기를 잘 경청하고 자신의 이익을 뒤로 하면 쉽게 갈등이 사라진다고 보았다. 그러나 상대방을 이해하지 않고 자신의 이익만을 앞세우게 되면 사회의 분열을 촉진하는 일이 될 뿐이라는 것을 정확히 알고 있었다. 오바마는 바로 그 점을 지적했고 자신이 그런 사람이 되지 않도록 항상 자신을 스스로 통제했다.

사람들이 오바마에게 열광하는 이유는 단지 그의 흥미로운 과거사 때문만은 아니다. 오바마가 가진 통합 정신이다. 통합은 소외된 사람들에게 '꿈'과 '희망'이라는 불씨를 던져주었다. 오바마는 사회적인 갈등이 증가하고 있는 미국 시민에게 통합을 위해서 손을 맞잡고 새로운 시대를 향해 나아가기를 촉구하고 있다.

오바마의 통합 정신은 무기력한 상태에 빠져 있던 미국인들의 가슴에 불을 지른 것이다. 자신들이 힘을 합쳤을 때 놀라운 일이 벌어진다는 것을 미국인들은 오바마를 통해서 알게 되었다. 오바마가 보여주는 통합의 리더십은 누구에게 손해가 되는 것이 아니라 서로에게 도움이 되는 일종의 WIN-WIN 전략인 셈이다.

07 긍정적으로 생각하라

《탈무드》에 이런 말이 있다. 아버지가 아들에게 말했다. "사람의 마음에는 두 마리의 늑대가 있단다. 하나는 긍정적인 생각과 행동을 하게 하는 늑대이고, 하나는 부정적인 생각과 행동을 하게 하는 늑대 란다." 그 말에 아들이 아버지에게 물었다. "그럼 결국에는 누가 이 겨요?" 아버지의 대답은 "네가 먹이를 주는 쪽이 이긴다." 결국, 우 리가긍정적인 생각을 하면 긍정적인 행동으로 좋은 결과가 따르고, 부정적인 생각을 하면 부정적인 결과가 따른다는 것을 말한다.

머피의 법칙은 "나쁜 일이 일어나는 사람에게는 계속 부정적인 일들만 생긴다."라는 것으로 알려져 있다. 머피의 법칙을 사회생활 이나 인생살이에 적용하면, 사실은 맞는 경우보다 맞지 않는 경우 가 많지만, 사람이 부정적인 사고방식에 사로잡히면 얼마든지 머피 법칙이 적용될 수 있다. 하지만 역으로 이 법칙을 반대로 긍정적인 방향으로 생각한다면, 좋은 일만 일어날 것이라고 생각하면 계속 좋은 일이 일어난다는 말과 같은 의미이다. 결국, 부정적인 생각을 하면 부정적인 머피의 법칙이 적용되나 긍정적인 생각을 하면 긍정적인 머피의 법칙이 적용된다.

베스트셀러 목록에 올라와 있는 조엘 오스틴의 《긍정의 힘》을 보면, 사람은 믿는 대로 된다고 하였다. 우리가 긍정적인 생각으로 세상을 보면 모든 것이 긍정적이고 행복해 보이나, 부정적인 생각으로 세상을 보면 모든 것이 부정적이고 불행해 보인다.

미국인들이 오바마에게 희망을 거는 이유는 그가 긍정적인 사람이라고 느끼기 때문이다. 오바마의 공약은 전반적으로 긍정적인 내용으로 되어 있다. 이러한 공약은 다른 후보들에 비해 구체적인 전략이 부족하고 공약은 이상적이라고 평가된다. 그럼에도 불구하고 미국인들이 오바마의 공약을 통해서 긍정적인 생각을 가지된 이유가, 미국을 긍정적인 미래를 가진 나라로 만들어 줄 것이라 기대하고 있기 때문이다.

긍정적 사고를 실천하는 오바마에게는 부정적으로 생각될 만한 상황들이 매우 많았다. 그를 평생 괴롭혀온 흑인 혼혈아로 태어나 아버지 없이 보낸 시간들이나 인종 차별로 인해 생겨난 열등감을 가지고 있었다. 그리고 정치인이 되어서는 청소년기의 방황으로 인한 마약 복용이 치명적인 약점으로 작용해 그의 발목을 붙잡았다. 그리고 선거에 출마했을 때는 자금을 동원하기 힘들어 어려움을 겪었다.

그러나 오바마는 부정적인 상황이 많았지만 절망에 빠지지 않았다. 오히려 그러한 부정적인 상황들을 긍정적으로 생각하면서 모든 상황들을 슬기롭게 극복해 나갔다. 자신의 약점이 되었던 부분들을 오히려 강점으로 만들어 나갔다. 오바마의 긍정적 자세는 보통 사람들이 보기에 혀를 내두를 정도이다.

지지층이 아닌 사람들은 오바마의 단점을 젊음이라 말했을 때 오바마는 오히려 젊기 때문에 혁신적일 수 있다고 강조하였다. 젊은 나이에 정치를 했기 때문에 경험이 없어서 문제라고 생각하는 사람들에게는 변화를 이끌려는 자세를 보이면 된다고 생각하였다. 흑인이라서 대통령이 되기 어렵다고 생각하는 사람들에게는 사회 통합과 화합을 보여주면 된다고 생각했다.

오바마가 처음 대선 출마를 할 당시, 그가 지금처럼 당선되리라고 기대한 사람은 많지 않았다. 그러나 그는 해낼 수 있다는 긍정적인 생각을 가지고 선거에 도전했기 때문에 대통령이 되었다.

뉴저지 주지사 존 코진은 오바마에 대해서 말했다.

"오바마의 긍적적 리더십은 사람들의 마음을 사로잡았다. 오랜 갈등과 패권 싸움에 부정적인 생각을 가졌던 미국인들은 그의 긍정적 리더십을 통해 다시금 희망을 가지고 활활 불타오르게 되었다."

부정적인 사람은 어려운 상황에 부딪히거나 실패를 겪을 때 쉽게 절망의 나락으로 빠지거나 자신감을 잃어버린다. 그리고 리더가 부정적인 사람이라면 그를 따르는 사람들의 사기는 저하되고 조직은 불만만 생기고 싸움과 갈등이 생기게 될 것이다. 그렇기 때문에 리더에게는 긍정적인 사고방식과 여유가 무엇보다 중요하다.

존경받는 리더가 되려면 모든 것을 긍정적으로 생각해야 한다. 긍정적으로 생각하면 모든 일이 잘돼서 원하는 목표에 도달할 수 있다. 그러나 부정적으로 생각하면 사는 것도 즐겁지 않지만 잘될 일도 안 된다. 항상 긍정의 눈으로 세상을 보는 습관, 항상 긍정의 말만 하는 습관, 남에게 뭔가 주는 것을 기뻐하는 습관, 문제만 제시하지 않고 대안도 제시할 줄 아는 습관을 가지면 인생 전체가 긍정적이 된다.

자신의 삶은 자신이 만들어 가는 것이다. 모든 것을 긍정적으로 생각하다 보면 나의 습관들이 모여 나를 긍정적으로 만들어 가고 인생 전체가 행복해진다. 그리고 사람들로부터 존경을 받게 된다.

08 친근해져라

오바마가 가진 장점 중의 하나는 친근함이다. 오바마에 대한 느낌을 물으면 많은 사람들이 친근함을 말한다. 대개 정치인하면 딱딱하거나 권위적인데 비해서 오바마는 드물게 서민적이고 친근한 이미지로 미국인에게 인식되고 있다. 오바마는 다른 정치인들처럼 위엄 있게 보이고 싶어 하거나 특별하게 보이려고 애쓰지 않는다. 오히려 그는 자신의 평범함을 드러내려 노력한다. 오바마가 가진 친근함은 오바마를 대통령으로 만들어준 중요한 계기가 되었다.

오바마는 다른 후보들에 비해서 단점이 많았다. 그래서 대통령 후보로 출마했을 때 절대 대통령 선거에서 이길 수 없다고 생각하는 사람이 많았다. 오바마는 자신이 가진 흑인이라는 한계뿐만 아니라 다른 부족한 부분들을 감추려고 하지 않았다. 자신이 흑인으로서 겪은 인종 차별부터, 어려운 현실을 극복하기 위해서 마약을 했던 것도 솔직하게 말했다. 오바마 자신에게 불리한 경험들이 오히려 그러한 한계와 어려움을 극복하고 다시 일어설 수 있었던 원동력이었음을 국민에게 보여주었다. 사람들은 나도 오바마처럼 노력하면 될 수 있다는 생각을 가지면서 더욱 오바마에게 친근함과 희망을 가지게 되었다.

오바마는 국민에게 친근감을 주기 위해서 대중 속에 깊이 파고들어갈 수 있는 대중문화를 이용했다. 오바마를 주제로 한 뮤직 비디오를 제작함으로써 오바마의 존재가 친근감 있게 대중의 가슴 속으로 파고들어 가는 데 성공했다.

그뿐만 아니라 오바마는 쇼핑몰을 만들어 저렴한 가격에 살 수 있는 다양한 상품을 만들어 판매를 하였다. 예를 들어 자신의 지지 문구가 새겨진 셔츠를 20달러에 판매하고, 어느 화가가 그린 오바마 연설 포스터를 70달러에 판매하였다. 대선 후보자들 가운데서 오바마와 관련된 물건이 가장 많이 팔린다는 것은 그만큼 그를 사랑하고, 지지하며, 함께하기를 원하는 사람들이 많다는 것을 입증하는 것이다.

또한, 오바마는 다른 정치인에 비해서 SNS를 이용해서 자신의 일상생활을 알렸다. 심지어는 노래하는 모습이나 샤워하는 모습까지도 소개하였다. 그리고 미셸 오바마와 두 딸을 데리고 매스컴에 자주 노출하고 함께 연설에 참여하면서 단란한 가정을 보여주었다. 하다못해 홈페이지를 통해서 맥주 만드는 제조 방법을 소개해줘 일반적인 다른 정치인들에 비해서 엄청난 서민적인 인기와 지지를 받게 되었다.

오바마는 연설을 통해서도 자신의 서민적인 이미지를 최대한 표현했다. 오바마의 연설을 분석해 보면 다른 어떤 후보들보다 사적인 이야기를 많이 하는 편이다. 자신의 경험들을 솔직하게 말하면서 청중들이 너털웃음을 짓게 하는 연설을 자주 한다. 국민은 오바마가 겪은 경험들이 자신들이 경험한 것과 비슷한 삶을 살았다는데서 친근한 생각을 가지게 되었다.

오바마가 성공하게 된 것은 바로 국민들의 정서를 읽고 서민들과 눈높이를 함께하고 있기 때문이고 국민이 지금 무엇을 필요로 하고 무엇을 갈망하는지에 대해서 누구보다도 잘 알고 있었기 때문이다.

오바마의 생각을 잘 나타내주는 연설이 있다.

"내가 만난 많은 미국인은 우리 할아버지처럼 활달하고, 할머니처럼 현실적이고, 어머니처럼 친절한 사람들이었습니다. 부자들은 가난한 사람들이 하루빨리 가난에서 벗어나기를 바라고, 가난한 사람들도 자포자기하기보다는 더 열심히 일하려고 합니다. 지금의 미국 정치에 필요한 것은 바로 이런 보통 사람들을 격려하는 정책들이라고 생각합니다."

"그동안 미국은 사회를 아우르는 공감대를 갖지 못했습니다. 정치인들 역시 보통의 미국인과 같은 공감대를 가지고, 보통의 미국인이 원하는 가치관을 구현하기 위해 싸워나가야 합니다."

오바마는 자신이 서민이면서 사람의 마음을 정확히 알고 있다는 것을 강조했다. 그리고 자신은 국민이 원하는 것을 위해서 최선을 다하겠다고 강조하였다. 오바마의 서민적 이미지는 대중에게 상당한 호감을 주었고 수많은 대중의 마음을 감동하게 했다.

　　오바마는 정치를 시작하면서 남들과 다름 때문에 많은 고생을 했다. 오바마는 다른 후보들에 비해 '너무 젊다.', '너무 경험이 없다.', '너무 검다.'라는 것이었다. 그러나 오바마는 남들과 다름이라는 약점을 오히려 강점으로 이용해 친근함으로 국민에게 더 가까이 다가서려고 노력하였다. 그래서 인간적인 모습과 남들도 다하는 경험들을 자연스럽게 보여주고 연설함으로써 사람들은 오히려 오바마에 대해서 친밀감을 느끼게 되었다.

　　나와는 다른 삶을 살아 왔고, 다른 생각을 할 줄 알았던 대통령 후보자가 나와 비슷한 삶을 살고, 비슷한 경험을 한 사람이라는 것을 깨닫는 순간, 미국인들은 오바마에 친밀감을 느끼는 것을 넘어 자신들의 처지를 이해해 줄 수 있는 지도자라는 희망을 보게 되었다.

09 공감하라

공감은 타인의 사고나 감정을 자기의 내부로 옮겨 넣어, 타인의 체험과 동질의 심리적 과정을 만드는 일을 말한다. 쉽게 말해 공감은 자신과 타인과 사물에 대한 이해의 근원으로서, 다른 사람의 의미와 감정을 마치 자신의 것인 것처럼 이해하고 느끼는 경험을 하는 것이다.

공감은 단순히 남의 사고나 감정을 자신의 것처럼 느끼고 생각하는 데서 끝나는 것이 아니라, 상대의 입장이 되어 자신의 생각이나 느낌을 표현하거나 전달하는 능동적이고 적극적인 과정까지 포함된다.

사람들과의 인간관계에서 공감은 매우 친근감을 준다. 싱대방이 내 생각처럼 생각하고 움직여 주니 이보다 더 좋은 인간관계가 있을 수 있을까? 그래서 공감은 사람을 가깝게 만들고 내 사람으로 만드는 역할을 한다.

사회생활을 하면서 상대방과 가까워지는 길은 서로의 마음을 깊이 공감하는 것이다. 친밀감을 높이기 위해서는 공감대를 형성할 수 있는 대화로 시작해야 한다. 예를 들면 우리나라 사람들이 만나면 먼저 학연, 지연, 혈연을 찾는 것도 공감대를 갖기 위한 것이다. 빠르게 공감대를 찾아서 대화를 하게 되면 친밀감을 높이는 데 도움이 된다.

오바마가 미국민에게 친숙함을 주는 이유 중의 하나는 바로 어떠한 사람을 만나도 공감을 보여주기 때문이다. 오바마와 대화를 하거나 연설을 듣다 보면 '아, 당신도 나와 같이 힘든 일을 겪었구나.', '당신에게도 그런 일이 있었다니!' 라고 생각하게 되면서 오바마에게 유대감이 형성되었다. 미국민은 오바마가 자신들과 다르지 않다는 것을 느끼고, 오히려 같은 것이 많다고 느끼면서 마음이 열리게 되었다.

오바마는 공감을 얻는 것에만 그친 것이 아니라 미국민이 무엇을 원하는지 알기 위해서 미국민의 말에 경청하고 그들의 마음을 이해하려고 노력한다. 이를 위해서 사람들과 함께하기 위해 현장을 자주 방문하는 오바마를 목격할 수 있다.

오바마 대통령은 2008년 파산 직전의 국가를 물려받은 뒤 재정 적자와 높은 실업률의 늪에서 벗어나 본 적이 없다. 그래서 재선을 위해서 다시 출마했을 때 공화당 대선 후보로 지정된 롬니에게 공격을 받았다.

대통령 선거 운동에서 차분하면서도 공격적이고 논리 정연한 롬니와 방어에만 급급했던 오바마가 대비됐고, 롬니 지지율은 치솟았다. 사상 첫 흑인 대통령 오바마의 '4년 더' 희망도 물거품이 될 뻔했다.

실패의 위기가 찾아왔을 때 오바마에게는 자신의 장점을 보여줄 기회가 찾아왔다. 바로 10월 말 허리케인 '샌디'가 미국 동북부를 강타하는 사건이 발생했다. 대형 자연재해가 발생하면 현직 대통령의 지지율이 떨어지는 것이 보통이지만, 오바마는 직접 현장을 방문하여 구호 대책을 진두지휘하는 총사령관의 리더십을 매스컴에 그대로 보여주었으며, 현장에서 이재민들의 이야기를 들어주면서 공감하는 모습을 여과 없이 보여 주었다. 미국민은 역시 자신들을 공감해 주는 오바마를 다시 대통령으로 뽑았다.

사람과 사람 사이의 관계 형성을 잘하게 해주는 것이 공감이다. 공감은 깊은 협력 관계의 기반이며 의사소통을 원활하게 하고, 쓸데없는 갈등을 없애 준다. 그래서 관계에 서툰 사람보다는 관계에 능한 사람이 성공할 확률이 더 높다.

공감은 상대방에게 자신의 말이 주의 깊게 경청되고 있음을 전달하는 방법이며, 이를 통해 상대방의 방어하려는 마음이 줄어들게 된다. 사람이 공감을 느끼기 시작하면 상대방은 자신을 더 많이 노출함으로써 의사소통이 더욱 촉진되고, 관계가 두터워지게 된다. 그리고 공감은 상대방이 심리적으로 약해 있거나 때로는 자신에 대해 불확실한 느낌을 갖고 있을 때 더욱 효과가 있다.

상대방을 공감하기 위해서는 상대방과 대화를 나누는 동안 상대방의 입장이 되어 그의 세계를 공유하고 상대방의 생각과 느낌을 표현해 주면 된다. 상대방과의 공감은 오바마처럼 친밀감을 주며 리더로서 성공할 수 있게 해준다.

10 최선을 다해라

사람이 보유한 능력은 가지고만 있으면 아무도 알지 못한다. 자신이 아무리 많은 능력을 갖고 있다고 해도 능력을 발휘해서 성과를 올리지 못하면 능력이 없는 것과 마찬가지가 된다.

어떤 사람의 능력이 아무리 많다고 해도 그 사람의 진면목을 알려면 그 사람의 능력이 외부로 발휘될 때 그 사람의 진면목이나 능력을 알 수 있다. 리더는 자신의 재능을 가지고 좋은 결과를 낼 줄 알아야 한다. 그래야 주변 사람들이 그 사람에 대한 능력을 인정해주고 필요로 하기 때문이다.

사람들은 누구나 성공을 위하여 남들과는 다른 특별한 학력, 재능, 경력, 능력을 가지기 위하여 노력하고 있다. 따라서 학력, 재능, 경력, 능력과 같은 개별적인 가치는 누구나 가지고 있는 것이기에 리더로 인정받기 위해서는 자신이 가지고 있는 모든 학력, 재능, 경력, 능력을 좋은 결과로 만들어내야 한다.

결국 리더의 가치를 평가하는 기준은 연령이나 학력이나 경력도 아니고, 보유하고 있는 능력도 아니다. 다만 최선을 다해서 노력하는 자세를 갖추어야 리더로서의 높은 가치를 인정받을 수 있다.

오바마는 어떤 일이든 최선을 다하려는 노력을 하였으며, 미국민에게 그렇게 비쳤다. 오바마의 별명 중에는 '불도저'라는 것이 있다. 불도저 같은 사람이라고 하면 주변을 무시하고 자신의 갈 길을 가는 사람을 나타낼 때 쓰는 표현이다. 오바마는 미국민이 필요한 일에 대해서는 '거침없는 돌진'이라는 말이 잘 어울릴 정도로 주변 어떤 것에도 영향을 받지 않고 최선을 다하는 모습을 보여주었다. 오바마의 이러한 최선을 다하는 모습은 많은 미국민이 자신들을 위해서 노력하는 오바마의 모습에 감동하게 되었다.

오바마는 모든 일에 최선을 다하는 모습을 보였기 때문에 자신에게 유리한 기회가 여러 차례 찾아왔다. 오바마의 이런 모습은 사람들에게 신뢰감을 주게 되었고, 사람들에게 같이 일하고 싶은 마음을 들게 하였다. 오바마에게 찾아온 극적인 기회는 바로 2004년 민주당 전당대회에서 기조연설이었다.

2004년 민주당에서는 전당대회를 치르면 누구에게 기조연설을 맡길까를 고민하다가 최선을 다하는 오바마의 모습을 보고 당직자들은 그를 적임자라고 생각하고 제안하였다. 오바마는 그 제안을 받는 순간 정치 신인이었던 자신에게 그런 기회가 올 줄은 꿈에도 상상을 못했다. 오바마는 모처럼 찾아온 기회를 비약의 도약대로 삼기 위해 최선을 다했다. 오바마는 마침내 짧은 기조연설에서 자신의 의사와 정치관을 보여주었고, 정치적 스타 반열에 오르게 한 결정적인 계기가 되었다.

"천재는 노력하는 사람을 이길 수 없고, 노력하는 사람은 즐기는 사람을 이길 수 없다."라는 말이 있다. 즉 아무리 많은 능력을 가지고 있다고 하더라도 자신의 능력을 100% 발휘하지 못하는 사람은 능력은 부족하지만 최선을 다하는 사람을 이길 수 없다는 것이다. 또한, 아무리 자신의 능력을 발휘하기 위하여 최선을 다하는 사람도 일을 즐기면서 하는 사람은 이길 수 없다는 것이다.

오바마는 자신이 해야 할 일에 대해서는 주변 상황에 관심을 두지 않고 최선을 다해서 일했다. 오바마의 최선을 다하는 모습에서 미국민들은 오바마를 믿고 지지하였다. 리더가 되기 위해서는 어떠한 일이든 최선을 다하는 습관을 길러야 한다. 최선을 다해서 노력하다 보면 기회가 생겨서 생각하지 못했던 기회가 생겨 더욱 좋은 일이 많이 생기게 된다.

자신이 꿈을 갖고 있다면 꿈을 실천하기 위해서는 최선을 다해야 한다. 꿈은 큰 데 최선을 다하지 않으면 결코 리더로서 인정받을 수 없다.

11 절망하지 마라

미국의 대통령인 에이브러햄 링컨은 "사람은 행복하기로 마음먹은 만큼만 행복하다."라고 하였다. 행복은 공짜라 마음먹은 만큼 우리가 행복을 마음대로 가질 수 있다는 의미다. 결국, 행복은 우리가 마음먹기에 달려 있다는 것이다. 그러나 우리의 현실에서는 모든 사람이 행복하지 않다.

행복은 그것을 받아들이는 사람들의 주관으로 해석하게 된다. "참 좋은 일이야.", "난 행복해."라고 생각하는 사람이 있는 반면에 "참 나쁜 일이야.", "난 불행해."라고 생각하는 경우가 있다. 결국, 생각 자체가 긍정적이냐 부정적이냐에 따라 똑같은 일상도 다르게 본다는 것을 의미한다. 문제는 긍정이냐 부정이냐는 주관적 생각이 생각으로만 끝나는 게 아니라 우리의 일상을 또 지배하기 때문이다.

오바마는 남들에게는 절망일 수도 있는 흑인이라는 사실에 좌절하지 않고 대통령이 되겠다는 꿈을 가졌다. 대통령이 되어서도 오바마는 그에 대한 편견과 저항에 편할 날이 없었다.

이슬람 국가에 의한 테러가 자주 일어나자 미국인들은 이슬람교를 믿는 사람을 배척하는 분위기가 있었다. 오바마의 중간 이름이 후세인이라는 이유 때문에 모슬렘이 아니냐는 의혹을 받은 적이 있다. 또한, 오바마의 아버지와 새아버지가 이슬람교를 믿었기 때문에 모슬렘이라고 단정 짓는 사람들도 있었다. 그가 아프리카 케냐를 방문했을 때 그의 복장이 모슬렘 복장과 같다는 이유 때문에 문제가 되기도 했다.

오바마가 흑인 최초로 대통령으로 당선되었을 때, 그가 역할 모델로 삼았던 에이브러햄 링컨 대통령, 존 F. 케네디 대통령, 마틴 루터 킹 목사가 암살을 당했던 역사적인 사실과 연관시키면서 백인들에 의해 암살될 것이라는 소문이 나돌기도 했다.

오바마는 흑인 교회인 트리니티유나이티드 교회의 흑인 목사 라이트를 정신적 지주로 삼았었다. 라이트 목사는 오바마의 결혼에서 주례를 하고, 그의 두 딸에게 세례를 준 사람이다. 그런데 라이트 목사가 설교 도중에 미국 내 흑인들의 상황을 설명하면서 미국민이라면 누구나 받아들이기 거북한 인종 갈등 발언인 "갓 댐 아메리카

빌어먹을 미국"라는 과격한 발언이 텔레비전 화면을 통해 그대로 방송되고 신문에 소개되었다. 라이트 목사가 오바마의 신앙적인 멘토의 자리에 있었기 때문에 그의 발언이 미국인들에게 일파만파의 충격파를 일으켰다. 이 문제는 오바마의 약점이었던 인종 문제를 자극하게 되고, 통합이라는 그의 정치 이미지는 여지없이 파괴되고 위선자로 몰리게 된 것이었다.

오바마는 즉각 연설을 통해서 자신의 라이트 목사가 한 선동적인 발언에 대해서는 나라에 분열을 조장하는 요소가 될 수 있는 잘못된 것임을 시인하고, 그런 말을 한 라이트 목사가 비난받아 마땅하다고 잘못을 지적했다.

"그의 행동은 잘못되었습니다. 그러나 저는 라이트 목사를 의절할 수는 없습니다. 왜냐하면, 그는 나를 기독교 신앙으로 인도한 사람이고, 자녀들에게 세례를 준 목사이기 때문입니다. 이는 내가 백인 할머니가 어떤 분이건 간에 의절할 수가 없는 것과 마찬가지입니다. 인종 문제는 미국이 외면할 수도 없고, 해서도 안 되는 것입니다. 미국은 인종을 초월한 사회를 만들기 위해 지금까지의 인종 문제를 재인식하고 풀어나가야 합니다."

오바마의 진정성과 자신의 신념을 지켜나가는 자세, 그리고 인종차별의 문제를 거론하는 연설은 국민의 불만을 없애는데 결정적인 역할을 했다. 그뿐만 아니라 오바마에게 반대하는 사람들까지도 오바마의 솔직한 태도에 인간적인 친밀감을 느끼고 그를 이해하는 계기가 되었다. 오바마의 지지율은 이 연설로 다시 상승하였다.

TIP

운명은 돌이 앞에서 날아오는 것과 같아서 잘만하면 피할 수 있는 것이다. 오바마는 자신의 운명에 절망하지 않고 최선을 다해서 스스로 고치고 다듬어 갔다. 운명이라고 수동적으로 받아들이기만 하는 게 아니라 적극적으로 개척해 나갔다.

오바마가 자신의 상황이나 환경이 나쁘다고 해서 절망했다면 아마도 오바마는 마약에 찌든 흑인 중의 한 명이었을 것이다. 그러나 오바마는 자신의 운명에 대항하였고, 역경을 딛고 일어섰다. 자신에게 드리워진 편견과는 맞서 싸워나갔다. 결국, 그는 운명을 바꾸어서 미국을 대표하고 세계를 이끄는 리더가 된 것이다.

실패하는 사람들은 스스로 "난 못났어.", "난 잘 안 될거야.", "난 불행해.", "난 못생겼어.", "난 단점이 많아.", "그 일은 불가능해."라고 생각하기 때문에 절망에 빠지게 된다. 절망에 빠지면 결국 사회에서 도태되거나 실패하는 삶을 살게 된다. 따라서 리더가 되기 위해서는 어떤 상황이라도 절망하지 말고 헤쳐나가야 한다. 희망이 현실의 변화를 가져오는 힘이 되는 것이다.

12 계획을 세워라

"미래를 예측하는 가장 정확한 방법은 직접 미래를 만드는 것"이라는 피터 드러커의 말처럼, 자신이 바라는 미래를 만들기 위해서는 꿈을 가지고 실천해야 한다. 성공한 사람들의 특징을 보면 여러 가지 공통점이 있지만, 그중에서 가장 중요한 것이 하나같이 꿈을 크게 세우고 구체적인 계획을 세워 실천했다는 것이다.

물론 성공한 사람 중에는 계획을 세우지 않았는데도 우연한 기회에 운이 좋아서 성공한 사람들도 있지만 그리 많지 않다. 결국, 자신의 꿈을 실천할 구체적인 계획을 세운 사람일수록 성공에 이르는 비율이 높다는 것을 알 수 있다.

오바마가 미국의 대통령이 된 이유는 단지 꿈만 대통령이 되겠다는 생각을 가진 것이 아니라 구체적인 계획을 세워서, 그 계획을 한

단계씩 밟고 올라갔기 때문이다. 오바마는 지역사회에 참여하기 위하여 지역사회운동가가 되기로 목표를 세우고, 지역사회운동가가 되기 위해서 자신을 필요로 하는 기관을 찾아 나섰다. 좀 더 자신의 꿈을 실현하기 위해서는 법률가가 되어야겠다는 목표를 세우고, 그 꿈을 이루기 위해서 하버드대학교 로스쿨에 입학해서 공부하고 로펌회사에 근무하는 경험을 쌓았다. 지역사회를 크게 변화시키기 위해서 정치인이 되어야 한다는 목표를 세우고, 주의회 상원의원이 되고, 연방위원이 되고, 대통령이 되었다. 그는 자신의 꿈을 이루기 위해서 계획을 세우고 실천했지만, 그 과정에서 수많은 시행착오를 경험하기도 했다. 이러한 시행착오는 오바마가 대선에 성공하는데 최선의 방법을 제공해 주었다.

미국에서 정치를 하려면 많은 자금이 필요하다. 이를 개인이 모두 충당하기 어렵기 때문에 지지자들로부터 선거 자금을 모으는 일들이 수시로 진행된다. 오바마도 대통령 선거에 나가기 위해서는 막대한 선거 자금이 필요했다. 오바마는 대통령 선거에 출마하기로 결심하고 선거 자금을 모으는 계획을 세웠다.

선거 자금을 모으기 위해서 오바마는 우선 대중의 인기를 얻어야 한다고 생각했다. 대중의 인기를 얻기 위해서 오바마는 대중 속으로 파고들어 가는 만남을 계획했다. 대중 속으로 파고들어 가는 계획을 실천하기 위해서 오바마는 크고 작은 행사를 열어서 기회가 있을 때마다 사람들을 만났다. 그리고 전화를 이용해서 음성으로 사람들을 만났다. 기부할 가능성이 있는 후원자들과 지지자들에게 모두 전화를 해야겠다는 계획을 세워 매일 다섯 시간씩 전화를 걸었다.

오바마가 2007년 1월부터 2008년 1월까지 13개월 동안 모은 선거 자금은 약 1억 3,700만 달러다. 그 액수는 매케인이나 힐러리와 비교될 수 없을 정도로 많으며, 거의 전부가 기부금이고, 기부자들의 대부분이 소액 기부자들이었다. 정치적으로 경력이 많지 않았던 오바마가 선거 자금 확보에서 쟁쟁한 정치인들보다 성공을 거두게 된 것은 철저한 계획을 세우고 실천했기 때문이다.

오바마는 연설도 계획적으로 했다. 연설을 할 때 자신의 지지층을 더 확보하기 위해서 오히려 상대 후보를 비방하지 않으려고 노력했다. 그뿐만 아니라 대중적인 언어를 사용함으로써 누구든지 들을 수 있는 쉬운 연설을 하려고 계획을 세웠다. 오바마의 계획적인 연설을 들은 미국민은 점차 오바마를 좋아하게 되었으며, 지지자가 되었다.

결국, 오바마가 지금처럼 자신의 꿈인 대통령이 된 것은 철저한 계획을 세워서 실천했기 때문이라고 할 수 있다. 여러분들도 자신의 꿈이 있다면 그 꿈을 이루기 위한 구체적인 계획을 세워 실천해야 한다. 단순히 꿈만 가져서는 원하는 꿈을 이룰 수 없을 것이다.

하루 앞이라도 미래를 볼 수 있는 눈을 가진 사람은 없다. 그러나 미래에 대한 구체적인 계획을 세우면 미래를 어느 정도 예측할 수 있는 능력을 가지게 된다. 꿈을 이루기 위해서 구체적인 계획을 만들어 실천해 보자. 그러면 여러분의 잠재능력이 발견될 뿐만 아니라 생활 속에서 놀라운 일들이 일어날 것이다.

05
오바마의 멘토

오바마의 멘토

멘토는 어두운 밤에 앞을 비추는 손전등과 같다. 멘토를 따라가 보는 것만으로도 시행착오를 할 확률이 줄어들고, 나의 비전에 더욱 확신을 가지게 된다.

최초의 흑인 대통령 오바마도 자신의 인생에 영향을 끼친 멘토가 있다.

비폭력 무저항을 가르쳐 준 마틴 루터 킹

평등과 자유를 알려준 에이브러햄 링컨

변화의 중요성을 가르쳐 준 존 F. 케네디

여러분도 꿈이 있다면 그 꿈을 이룬 사람을 멘토로 삼아 그 사람처럼 생각하고 행동하면 실패하지 않고, 꿈을 쉽게 이룰 수 있을 것이다.

01 비폭력 무저항을 가르쳐 준 마틴 루터 킹

오바마가 대통령에 당선된 이후 그는 미국 인권운동의 상징이자 미국에서 가장 존경받는 인물 중 한 사람인 마틴 루터킹 박사에 비유되었다. 오바마는 어릴 때부터 어머니가 영어 교육을 위해서 들려준 마틴 루터 킹

| 마틴 루터 킹

목사의 연설들을 들으면서 성장하였다. 자연스럽게 오바마는 마틴 루터 킹 목사의 의식을 따라가게 되었으며, 인생의 구체적인 목표를 세우는데 큰 영향을 받게 되었다.

마틴 루터 킹 목사는 조지아 주 애틀랜타에서 침례교 목사였던 마이클 루터 킹의 아들로 태어났다. 그는 인종 차별 철폐와 식민지 해방을 비폭력적인 저항으로 실현하고자 했던 간디의 영향을 크게 받았다. 펜실베이니아 주 체스터의 크로저 신학교를 졸업하고, 보스턴대학원을 거쳐 철학박사 학위를 받았다. 마틴 루터 킹은 진보적인 학풍의 보스턴대학원에서 공부하며 기독교 근본주의 신앙에서 사회 참여를 강조하는 신앙으로 신앙 성격이 바뀌게 되었다. 1954년 앨라배마 주 몽고메리에서 침례교회의 목사가 되었다.

1955년 12월 1일 목요일 저녁, 미 앨라배마 주 몽고메리 백화점에서 재봉사로 일하던 로자 팍스라는 흑인 여성이 버스에서 백인 남성에게 자리를 양보하지 않았다는 이유로 체포, 연행되는 사건이 일어났다. 마틴 루터 킹 목사는 이에 대항하여 몽고메리의 모든 버스를 거부하는 운동을 지휘하였고, 미국 연방 최고재판소는 버스 내 인종 분리법이 위헌이라는 판결을 내렸다.

이 사건을 계기로 마틴 루터 킹 목사는 남부 그리스도교도 지도회의를 결성하고, 미국 각지에서 흑인의 인권 해방운동을 주도하는 지도자가 되었다. 그는 비폭력주의를 끝까지 고수하였으며, 1963년에는 항의 데모에서 체포되어 구치소의 독방에 투옥되기도 하였다. 그가 그해 워싱턴 대행진에서 연설한 〈나에게는 꿈이 있습니다

I have a dream〉는 인종 차별의 철폐에 대한 진실되고 단순한 소망을 표현하여 수많은 사람의 가슴을 울렸으며, 이후 인종 차별 철폐 운동에 기폭제가 되었다.

마틴 루터 킹 목사는 인종 차별 운동뿐만이 아니라 노동운동에도 특별한 관심을 기울였다. 이러한 킹 목사의 활발한 사회운동은 우익을 자극했고, 당시 FBI 국장이자 우익 인사였던 에드거 후버는 마틴 루터 킹 목사를 위험 인물이라고 규정하고 활동 내용을 감시하였다.

1964년에는 미국 내의 인종 차별을 끝내기 위한 비폭력 저항 운동으로 노벨평화상을 받았다. 마틴 루터 킹 목사는 베트남전쟁 반대 운동에도 목소리를 냈지만, 베트남전쟁이 장기화되어가는 도중에 1968년 4월 4일 테네시 주 멤피스에서 극우파 백인인 제임스 얼 레이에게 암살되었다.

마틴 루터 킹 목사의 비폭력 운동이 백인들과 타협하는 것으로 본 일부의 과격파는 흑인 이슬람 지도자인 말콤 X를 지지하며 마틴 루터 킹 목사를 반대하였다. 또한, 마틴 루터 킹은 대학생 때 부모님으로부터 대학교 입학 선물로 자동차를 선물 받을 만큼 부유하였기 때문에 일부 흑인들에게 외면받기도 하였다.

마틴 루터 킹에게서 배울 점은 다수의 잘못됨을 두려워하지 않고 정의를 지키며 직접 변화시킨 용기를 배워야 한다. 그리고 생명의 위협을 느끼는 와중에도 비폭력 투쟁을 지지한 평화주의와 인종 차별의 철폐를 위한 그의 노력을 배워야 한다.

주요 저서에 《자유를 향한 위대한 행진》, 《우리 흑인은 왜 기다릴 수 없는가》, 《흑인이 가는 길》 등이 있다.

오바마는 킹 목사에게 강력한 영향을 받았다. 오바마는 어릴 때부터 킹 목사의 연설을 들으면서 킹 목사를 롤모델로 삼았다. 킹 목사는 비폭력 무저항 운동의 리더로서 폭력이 아닌 사랑으로 세상의 불의에 저항하며, "세상에 이루어진 모든 것은 희망이 만든 것입니다."라는 말로 억압된 자들에게 희망의 메시지를 불어넣었다.

킹 목사는 버스 보이콧 운동*을 하는 과정에서 흑인들에게 외치기를 폭력을 쓰지 말고, 원수를 사랑하며, 백인들이 흑인들에게 고난을 주거나 차별을 해도 그들을 사랑하고 용서해야 한다고 했다. 오바마는 킹 목사를 통해서 비폭력을 배웠으며, 상대방을 사랑하는 마음을 배웠다.

킹 목사는 노벨평화상을 수상하기 전해인 1963년 8월 28일 워싱턴 광장에서 역사적으로 깊이 뿌리 박혀 있는 인종 차별을 없애고,

사회적으로 혼란했던 미국에 시대와 국가를 넘어서 자유와 희망과 꿈을 전달하는 메시지를 전했다. 그것이 바로 최고의 연설로 인정받고 있으며, 지금까지 사람들의 마음에 감동으로 남아 있는 〈나에게는 꿈이 있습니다 I have a dream!〉라는 제목의 연설이다. 킹 목사의 말은 오바마의 가슴에서 '희망의 메시지'로 다시 피어났다.

〈나에게는 꿈이 있습니다〉

나에게는 꿈이 있습니다. 조지아 주의 붉은 언덕에서 노예의 후손들과 노예 주인의 후손들이 형제처럼 손을 맞잡고 나란히 앉게 되는 꿈입니다.

나에게는 꿈이 있습니다. 이글거리는 불의와 억압이 존재하는 미시시피 주가 자유와 정의의 오아시스가 되는 꿈입니다.

나에게는 꿈이 있습니다. 내 아이들이 피부색을 기준으로 사람을 평가하지 않고, 인격을 기준으로 사람을 평가하는 나라에서 살게 되는 꿈입니다.

＊ 버스 보이콧 운동 : 당시 버스 좌석이 흑인용과 백인용으로 구별되어 있었는데, 이 법을 없애고자 흑인들이 11개월에 걸쳐서 펼친 운동을 말한다.

02 평등과 자유를 알려준
에이브러햄 링컨

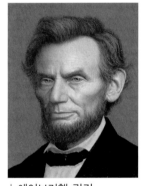

| 에이브러햄 링컨

버락 오바마 대통령은 링컨 대통령을 존경하여 링컨 대통령이 마지막으로 암살당한 장소에 방문하기도 했었다. 또한, 오바마가 대선 후보 출마를 선언했던 장소는 링컨 대통령이 명연설로 흑인 노예 해방의 정치 투쟁을 시작했던 곳이다. 자신이 흑인 혼혈인이었던 오바마는 흑인 노예 해방을 이룬 링컨이 멘토가 될 수밖에 없었다.

에이브러햄 링컨은 켄터키 주 호젠빌에서 가난한 농민의 아들로 태어났다. 에이브러햄 링컨은 가난하여 어려서부터 노동을 하였기 때문에 학교 교육은 거의 받지 못했다. 아버지는 아들이 목수가 되기를 바랐으나 어머니 낸시는 링컨에게 성서를 읽어주며 평화는 가치 있는 싸움보다 더 중요하다는 걸 가르쳤다.

청년 시기에는 우체국장, 변호사, 뱃사공, 가게 점원, 토지측량 등 다양한 일에 종사하면서 온갖 고생을 하였다. 링컨은 지식에 목말라 낮에는 일하면서 밤에는 독학으로 공부하였다. 1832년 링컨은 정치에 뜻을 두고 일리노이 주 의회선거에 출마하였으나 낙선하였다. 그는 낙심하지 않고 법률 공부를 독학하여 1833년에는 변호사가 되었다.

1834년 다시 정치에 도전하여 일리노이 주 주의회 의원으로 선출되었다. 1847년 연방 하원의원으로 당선되었으나, 미국·멕시코 전쟁에 반대하였기 때문에 인기가 떨어져 하원의원직은 1기로 끝나고 변호사 생활로 돌아갔다.

1850년대에 노예 문제가 전국적인 문제로 크게 고조되자 정계로 복귀하기로 결심하고, 1856년 노예 반대를 표방하여 결성된 미국 공화당에 입당해, 그해 대통령 선거에서 공화당 후보 플레먼트를 응원함으로써 자신의 웅변이 알려지게 되었다.

1858년 일리노이 주 선출의 상원의원 선거에 입후보하여 재선을 노리는 민주당의 S.A.더글러스와 치열한 논전을 전개함으로써 전국적으로 유명해졌다.

선거 결과에서는 패하였으나 7회에 걸친 공개 토론으로 그의 명성은 전국적으로 알려지게 되고, 1860년 대통령 선거에서는 공화당의 대통령 후보로 지명받아 대통령에 당선되었다.

그러나 링컨의 당선과 함께 남부에 있는 여러 주들이 잇달아 합중국을 이탈하여 남부 연합국을 결성하였다. 링컨은 이미 노예제를 가지고 있는 남부 주의 노예를 즉시 무조건 해방시킬 생각은 없었으나, 앞으로 만들어질 주에서는 자유주의로 할 것을 강력히 주장하였다.

1861년 3월 4일, 대통령에 취임하자 링컨은 "나의 최고의 목적은 연방을 유지하여 이를 구제하는 것이지, 노예 제도의 문제는 아니다."라고 주장하였으나, 4월 섬터 요새에 대한 남군의 공격으로 마침내 동족상잔同族相殘의 남북전쟁이 시작되었다.

전쟁 중 전쟁을 효율적으로 치루기 위해서는 강력한 대통령제가 필요했기 때문에 링컨은 의회에 대통령의 권한 강화를 요청하고, 독재적 권한을 행사하여 반대당으로부터 비난을 받았다. 남북전쟁은 처음에는 북군에게 불리하였으나, 점차 남군이 북군의 기세에 눌려 궁지에 몰리게 되자 링컨은 노예제 폐지를 예고하고, 외국의 남부 연합국 승인을 저지함으로써 북부와 해외 여론을 자기편으로 유도하여 전쟁을 유리하게 만들었다.

세계를 이끌어 가는 미국 대통령 오바마 리더십

1863년 11월 게티즈버그 국립묘지 설립 기념식 연설에서 "국민에 의한, 국민을 위한, 국민의 정부는 지상에서 영원히 사라지지 않을 것이다."라는 불멸의 말을 남겼다. 전쟁 중인 1864년의 대통령 선거에서 재선 전망이 불투명하였으나, 총사령관으로 임명된 그랜트 장군의 연이은 승전 소식이 선거에서 유리하게 작용해서 재선에 성공하였다.

1865년 4월 9일, 남군사령관 리 장군이 그랜트에게 항복함으로써 남북전쟁은 종막을 고하였다. 전쟁이 종막에 가까워짐에 따라 관대한 조치를 베풀어 남부의 조기 연방 복귀를 바랐으나, 남군 항복 2일 후인 4월 14일 워싱턴의 포드극장에서 연극 관람 중 남부인 배우 J. 부스에게 피격되어 이튿날 아침 사망하였다.

링컨 대통령은 자신이 백인이면서도 변호사를 거쳐 대통령이 되면서 흑인의 자유와 평등사상을 주장했으며 투표권을 주장했다. 오바마는 링컨에게서 자유와 평등사상을 배웠다. 결국, 링컨 대통령의 평등과 자유에 대한 주장은 훗날 200년이나 지난 버락 오바마 대통령이 이루어 냈다.

03 변화의 중요성을 가르쳐 준 존 F. 케네디

| 존 F. 케네디

메사추세츠 주 브룩클린에서 케네디는 아일랜드 이민자의 후손 조지프 패트릭 케네디와 보스턴 시장과 의원을 지낸 존 F. 피츠제럴드의 딸 로즈 피츠제럴드 사이에서 둘째 아들로 태어났다.

아버지 조지프는 금융, 부동산, 영화 산업, 주류업 등으로 많은 재산을 모아 프랭클린 D. 루스벨트 대통령을 재정적으로 후원하고 영국 주재 대사로도 활동했다.

케네디 대통령은 9남매가 있는데 형 조지프 패트릭 케네디 2세는 제2차 대전 중 전사하였으며, 둘째 존 피츠제럴드 케네디제35대 미국 대통령, **로즈마리 케네디**정신지체와 뇌수술 실패로 수용시설에서 지냄, **캐슬린 아그네스 케네디**프랑스에서 비행기 사고로 사망, **유니스 메리 케네디 슈라이버**영화배우 아놀드 슈워제네거와 결혼, **퍼트리셔 케네디, 로버트 프랜시스 케네디**법무장관, 상원의원. 로스앤젤레스에서 암살당함, **진 앤 케네디**클린턴 정부 시절 아일랜드 주재 대사 역임, **에드워드 무어 케네디**상원의원가 있다.

케네디 대통령은 유복한 집안에서 부족한 것 없이 부유하게 자랐다. 어머니 로즈는 자식들에게 〈뉴욕타임스〉를 비롯한 주요 신문, 잡지에서 토론 주제가 될 만한 중요한 기사를 읽게 하고 식사 시간을 토론의 장으로 이끌었다. 의견을 주고받는 사이에 토론의 기술은 물론이거니와, 상대 의견을 경청하고 자기 의견을 펼치면서 자연스럽게 민주 정치의 기본을 몸에 익힌 셈이다. 아버지가 만난 유명 인사들이나 사업에 관한 이야기도 식탁의 단골 메뉴였기에 리더십에 관한 식견을 키울 수 있었다.

케네디는 세계적인 수재들만 다니는 하버드대학에서 정치학을 전공했다. 1938년 반 년간 당시 주영 미국 대사이던 아버지의 비서로 일했다. 2년 뒤 해군에 입대하여 제2차 세계대전에 참전하였다. 그가 승선한 어뢰정이 일본 구축함의 공격으로 격침되었으나 부하들을 구출해 낸 공로를 인정받아 훈장을 받고 현역 지휘관으로 복귀했다.

영국의 무방비한 국방 상태를 지적한 학위논문 〈영국은 왜 잠자고 있었나Why England Slept, 1940〉가 베스트셀러에 오르기도 했다.

원래는 학자나 언론인이 될 계획이었으나 큰형 조의 죽음으로 인해 정치에 출마할 책임을 안게 되었다. 1946년 29세의 나이로 메사추세츠 주에서 하원의원으로 당선되어 정계에 입문하였으며, 하원의원을 3번 역임한 후 1952년에는 같은 주에서 상원의원으로 선출되었다.

진보주의자이며 좌파적 성향을 가졌던 케네디는 당선 후 노동 개혁과 민권 보호 법안 등에 관심을 가졌다. 아버지 조지프 케네디의 영향력으로 인해 민주당원 내에서 그의 입지를 다졌으며, 1953년 타임 헤럴드의 사진기자 재클린 부피에와 결혼하였다.

1958년 상원의원으로 재선되었으며, 1960년 대통령 선거에서 민주당 후보로 출마하여 '뉴 프런티어New Frontier'를 슬로건으로 내걸고 당내 후보 지명전의 라이벌이었던 린든 존슨을 자신의 부통령 러닝메이트로 선택했다.

공화당 후보 리처드 닉슨을 누르고 당선되어 미국 역대 대통령 중 가장 어린 나이로 당선된 대통령이 되었다. 또한, 최초의 가톨릭 신자인 대통령이기도 하다. 그가 닉슨과 벌인 텔레비전 토론은 미국의 대선 운동에 있어 매체 활용의 중요성이 부각된 대표적 사례이며 취임 이후에도 텔레비전을 기자회견 등에 자주 활용하여 직접 국민에게 호소하는 방법을 사용했다.

그러나 의회는 케네디가 제안한 법안들에 대해 냉담하여 중남미의 각국과 결성한 '진보 동맹'이나 대학생들을 개도국으로 보내는 평화봉사단 등을 제외하면 찬성해준 것이 거의 없다. 따라서 그가 중요시했던 민권 보호 조치나 소득세 삭감 등은 사후가 되어서야 통과되었다. 그의 첫 외교정책은 피그스만 침공이었는데, 쿠바 해안에 상륙했던 특공대가 사살되거나 사로잡히는 등 실패로 끝났고 그는 이에 대해 단독 책임을 져야 했다.

그러나 쿠바 미사일 위기를 해결하기 위해 소련의 총리 N. S. 흐루시초프와 협상하여 쿠바 정부를 전복하지 않겠다는 약속을 하고, 그 대가로 소련은 미사일과 폭격기 등을 쿠바에서 철수하고, 미국 측의 사찰을 인정하게끔 하였다. 이를 계기로 소련과 부분적 핵실험 금지조약이 체결되었고, 두 나라 간 냉전의 해빙 분위기가 조성되었다. 베트남 개입에도 신중한 태도를 취하였으며, 재선 후의 최대 과제를 중국 본토와의 재수교로 여기는 등 냉전 체제 해빙에 큰 관심을 가졌다.

1963년 11월 22일, 유세지인 텍사스 주 댈러스에서 자동차 퍼레이드 중 오즈월드에 의해 암살당했다. 부인 재클린 케네디는 1968

년 그리스의 선박왕 아리스토텔레스 오나시스와 재혼하였다.

케네디는 미국 제35대 대통령 취임식 때 그 자리가 결코 한 정당의 승리를 축하하는 것이 아니라 새로운 변화와 쇄신을 뜻하는 자유를 축하하는 자리라고 역설하였다. 그리고 그는 마지막으로 열정과 신념과 헌신이 모든 국민과 세상을 밝혀줄 것이라는 말로 희망을 불어넣었다.

케네디는 연설에서 "조국이 국민을 위해 무엇을 할 수 있는지를 묻지 말고, 국민 자신이 조국을 위해 무엇을 할 수 있는지를 자문해 보라."고 했다.

케네디를 통해 강조되었던 '변화'는 오바마에게 깊은 감동을 주었다. 그래서 오바마는 케네디처럼 변화를 이끌고 싶었다. 케네디가 꿈꾸는 변화는 오바마를 통해 부활하고 있는 것이다.

오바마의 연설

오바마의 연설

　오바마는 '언어의 연금술사'라고 불릴 만큼 연설을 잘하기로 유명하다. 수많은 청중 앞에서 긴 연설을 하면서도 원고를 보지 않고도 술술 풀어나가는 달변가로도 유명하다.

　세상을 살다 보면 많은 사람 앞에서 말을 해야 하는 일이 종종 생긴다. 사람들이 모두 말을 잘하는 것도 아니고, 성공한 사람이라고 해서 꼭 말을 잘하는 법도 없다. 하지만 언변이 좋은 사람은 수많은 사람을 설득하는데 유리하다. 그뿐만 아니라 자신이 원하는 목표의 달성을 빨리 도달하게 해준다. 그래서 대중을 향한 연설은 자신을 마케팅하기에 가장 좋은 방법이라는 말도 있다.

　말하는 능력, 연설의 능력은 타고나는 것만은 아니다. 훌륭한 연설가는 만들어지는 것이다. 오바마는 한 번의 연설을 위해서 부단히 준비하고 수많은 연습을 통해서 명연설가가 되었다. 따라서 어떤 사람이든 오바마처럼 다른 사람의 연설을 자주 듣고 연습하며 꾸준히 준비한다면 얼마든지 훌륭한 연설가가 될 수 있다.

　오바마가 사람들의 마음을 움직이고 변화하게 한 연설을 보면 다음과 같다.

01 2004년 민주당 기조연설문

　거대한 주, 전국을 가로지르는, 링컨의 고향 일리노이를 대표하여 저에게 이번 전당대회 연설의 특혜를 허락해 주셔서 깊은 감사의 말씀을 드립니다. 오늘은 저에게 아주 명예로운 밤입니다. 왜냐하면, 보십시오, 이 무대에서의 저의 참석은 아주 이례적인 일입니다. 저의 아버지는 국제 학생이셨으며 케냐의 작은 마을에서 태어나 자라셨습니다. 아버지는 염소를 몰면서 자랐으며 낡아 빠진 지붕 아래 학교에 다니셨습니다. 아버지의 아버지, 나의 할아버지께서는 영국의 가사 노예로서, 요리사였습니다.

　하지만 할아버지는 그의 자식에 대한 보다 큰 꿈을 가지고 있었습니다. 근면 성실과 인내를 통하여 아버지는 장학금을 받으셨고 꿈의 장소에서 공부할 수 있었습니다. 그 마법과 같은 장소는 미국입니다. 예전에 그곳의 사람들에게 자유와 기회의 등불을 밝히었던 곳입니다. 아버지는 거기서 공부하시는 동안 어머니를 만나셨습니다. 어머니께서는 나라의 아주 변두리에 있는 자그마한 마을, 켄사스에서 태어나셨습니다. 어머니의 아버지는 세계 대공황 가운데서 오일 공장과 농사를 지으며 일하셨습니다. 진주만 습격 사건 다음날 그는 패턴 장군의 군대에 입대하셨고 유럽으로 진군하셨습니다. 집으로 돌아오셨을 때, 저의 외할머니는 그분의 자식들을 폭탄 제조 공장으로 일을 보내셨습니다. 전쟁이 끝나고, 그들은 GI Bill을 공부하셨고, FHA를 통해 집을 구매하셨으며, 기회를 좇아 서부로 이사를 가셨습니다.

그리고 그들 역시 그분들의 딸에 대해서 큰 꿈을 가지고 있었습니다. 저의 부모님은 아주 멋진 사랑을 나누셨을 뿐만 아니라 이 국가의 가능성에 대한 변치 않는 믿음도 나누셨습니다. 부모님은 저에게 아프리카의 이름을 주셨습니다. 그것은 바로 '버락' 입니다. 이것은 '축복받음' 을 의미합니다. 이 이름에는 관용의 나라인 미국에서 사람의 이름은 성공에 대한 장애를 주지 않는다는 믿음이 있습니다. 부모님은 제가 미국에서 가장 좋은 대학에 가기를 꿈꾸셨습니다. 비록 우리 집은 가난했지만요. 왜냐하면, 관대한 나라 미국에서는 우리의 잠재력을 발휘하기 위해 꼭 부자가 될 필요는 없었으니까요. 우리 부모님은 지금 모두 돌아가셨습니다. 하지만 저는 압니다. 오늘 이 밤, 우리 부모님께서는 저를 자랑스러운 눈으로 보고 계시다는 것을.

오늘 저는 여기에 서 있고, 나의 다양한 유산에 감사하고 있습니다. 그리고 나는 저의 부모님의 꿈이 나의 소중한 딸들 안에 존재하고 있다고 믿고 있습니다. 그리고 나의 스토리는 보다 큰 미국인들의 스토리 중에 일부분임을 알며, 내가 오기 전의 많은 사람에게 제가 빚이 있음을 알고 있습니다. 왜냐하면, (미국이 아닌 이상)지구상의 그 어떤 나라에서도 저의 이야기는 불가능하기 때문입니다. 오늘 밤, 저는 미국의 위대함을 확인시키고자 이 자리에 왔습니다. 그것은 초고층 빌딩, 군사력의 막강함, 우리 경제의 거대한 규모에 있지 않습니다. 우리의 자부심은 매우 단순한 전제에 기초하고 있습니다. 그 전제는 200년 전에 만들어진 공언인데 그것은 바로 "모든 사람은 평등하게 창조되었다는 자명한 진리를 단단히 붙들고 있으며, 우리는 창조자에게 결코 굽힐 수 없는 권리, 삶과 자유와 행복의 추구라는 권리를 부여 받았다."라는 것입니다.

이것이 바로 미국의 참된 자질이요, 아주 작은 기적을 향한 미국인들의 담백한 신앙입니다. 우리는 자녀들에게 밤에 이불을 덮어줄 수 있고, 먹여주고 입혀주며 위험으로부터 안전하게 보해줄 수 있다는 그러한 아주 작은 기적 안에 담백한 믿음 말입니다. 누구의 방해 없이 우리가 생각한 것을 말할 수 있고, 우리가 생각하는 것을 쓸 수 있는 그런 작은 기적 안에 담백한 믿음 말입니다. 뇌물이나 비리 없이 우리의 생각을 우리 자신의 사업으로 창업할 수 있는, 보복에 대한 두려움 없이 정치 행렬에 참여할 수 있고, 최소한 선거의 시간 동안 우리의 한 표가 귀중하게 여겨질 수 있는 그런 작은 기적 안에 담백한 믿음 말입니다.

(중략)

제가 말하려는 것은 맹목적인 낙관론이 아닙니다. 맹목적인 낙관론이란 그저 잊어버리고 있으면 실업 문제가 사라지고, 건강보험의 위기가 저절로 해결될 것이라고 생각하는 거의 의도적인 외면을 일컫는 것입니다.

제가 하는 이야기는 그런 것이 아닙니다. 제가 이야기하고자 하는 것은 좀 더 의미 있는 희망을 이야기하고자 합니다.

모닥불에 둘러앉아 자유의 노래를 부르던 노예들의 희망,

머나먼 땅을 향해 출발하던 이민자들의 희망,

메콩 강 삼각주를 용감하게 정찰하던 어느 젊은 군인의 희망,

주어진 숙명처럼 보이는 것에 감히 대들어보고자 했던 어느 공장 노동자 아들의 희망, '버락'이라는 우스꽝스러운 이름을 가진 어느

말라깽이 꼬마가 미국을 자신의 나라라고 믿었던 희망을 이야기하고 싶습니다.

어려움에 직면했을 때 가질 수 있는 희망, 모든 것이 불확실해 보이기만 할 때도 가질 수 있는 희망, 바로 담대한 희망에 대해 말하는 것입니다!

결국, 희망은 신께서 우리에게 주신 가장 큰 선물이며, 이 나라의 굳건한 토대입니다.

어려움에 맞서는 희망, 불확실성에 맞서는 희망, 바로 이것이 담대한 희망입니다!

결국, 희망은 하나님께서 우리에게 주신 선물이자, 이 국가의 토대입니다. 희망 안에 있는 믿음은 보이는 것이 아닙니다. 하지만 보다 밝은 미래로 향하는 믿음이 있습니다.

저는 우리가 우리 중산층들에게 위안을 주고, 일하는 가족들에게 기회의 길을 제공해 줄 수 있다고 믿습니다.

저는 우리가 우리의 등을 밀어 앞을 향해 나아가도록 도와주는 의로운 바람을 가지고 있음을, 그리고 역사의 갈림길에 서 있는 지금, 우리는 바른 선택을 할 수 있고 우리를 직면하고 있는 역경들을 맞을 준비가 되어 있다고 믿습니다.

감사합니다, 정말 감사합니다. 신의 축복이 있기를! 감사합니다.

2008년 미국 대통령 선거 후보 수락 연설

감사합니다. 감사합니다. 여러분 모두에게 감사드립니다.

하워드 딘 전당대회 의장님, 저의 가장 훌륭한 친구인 딕 더번 상원의원, 그리고 위대한 미국의 친애하는 국민 여러분, 깊은 감사와 겸허한 마음으로 여러분의 미국 대통령 후보직 지명을 수락합니다.

저와 이 여정을 함께해 온 훌륭한 후보자들께도 감사를 드립니다. 그리고 특히 이 여정에서 끝까지 저와 경합을 벌였던, 미국 근로자들의 대변인이자, 저의 두 딸과 여러분의 딸에게 용기를 불러일으켜준 힐러리 로댐 클린턴 후보께도 감사드립니다. 어젯밤, 오직 '그'만이 변화를 이뤄낼 수 있다고 말씀하신 클린턴 전 대통령과, 봉사란 무엇인가를 몸소 보여주신 테드 케네디 상원의원, 그리고 차기 미국 부통령이 될 조 바이든 후보께도 감사드립니다. 우리 시대의 가장 훌륭한 정치가 중 한 명인 그와 이 여정을 마칠 수 있게 된 것을 매우 감사하게 생각합니다. 그는 세계의 지도자들은 물론, 그가 아직도 매일 밤 퇴근할 때 타고 다니는 암트랙미국의 국철의 차장에 이르기까지 모든 이와 잘 지내는 사람입니다.

제 일생을 바쳐 사랑하는 사람이자 차기 영부인이 될 미셸 오바마, 그리고 사샤와 말리아, 모두 사랑해요.

4년 전, 저는 여러분 앞에서 케냐에서 온 젊은 남성과 캔자스에서 온 젊은 여성의 만남에 대한 제 이야기를 말씀드렸습니다. 그들은 부유하지도 유명하지도 않았지만, 미국에선 그들의 아들이 마음 먹은 것은 무엇이든 이뤄낼 수 있을 것이란 믿음을 함께 갖고 있었습니다. 언제나 미국을 돋보이게 만들어온 것은 이런 약속이었습니다. 열심히 일하고 참고 희생하면, 우리의 자녀들도 각자의 꿈을 이룰 수 있을 뿐 아니라, 여전히 하나의 미국이란 가족으로 함께할 수 있다는 확신을 만들어주기 위해서 말입니다.

오늘 제가 이 자리에 선 이유가 바로 그것입니다. 232년 동안, 그 약속이 위협에 처할 때마다 학생과 군인, 농부와 선생님, 간호사와 잡역부 같은 평범한 남성과 여성들이 그 약속을 지켜낼 용기를 보여왔기 때문입니다.

우리는 지금 그런 결정적인 시기를 맞고 있습니다. 미국은 지금

전쟁을 치르고 있고, 경제는 곤경에 처했으며, 미국의 약속도 다시 위협받고 있습니다.

(중략)

20년이 넘게, 그는 가장 많이 가진 자들에게 더 많은 것을 베풀면서 번영이 조금씩이나마 모두에게 돌아가기를 바라는, 저 낡고 신뢰를 잃은 공화당의 철학을 지지해 왔습니다. 워싱턴 정가에서 그들은 이것을 '소유의 사회'라 부르지만, 그것이 진짜 의미하는 것은 '각자 알아서 해라'입니다. 실직했나요? 운이 없군요. 의료보험이 없나요? 시장이 해결해 줄 것입니다. 가난하게 태어났나요? 자수성가하세요. 붙잡고 일어설 것이 아무것도 없는데 알아서 하라는 것입니다.

지금은 그들이 자신들의 잘못을 인정할 때입니다. 지금은 우리가 미국을 변화시킬 때입니다. 여러분께서 아시는 것처럼, 우리 민주당은 무엇이 이 나라의 발전을 가져오느냐에 대해 매우 다른 기준을 갖고 있습니다.

(중략)

민주당원 여러분, 우리는 돈만으로는 미국의 약속을 달성할 수 없다는 사실을 받아들여야 합니다. 존 F. 케네디 대통령이 '지적, 그리고 도덕적 힘'이라 불렀던 책임감에 대한 우리 각자의 새로운 인식이 필요합니다. 그렇습니다. 정부는 에너지 자급자족에 힘써야 합니다. 하지만 우리 모두가 우리의 집과 직장들을 더욱 효율적으로 만들 우리의 몫을 다해야 합니다. 또한, 범죄와 절망의 삶에 빠진 젊은이들에게 성공으로 갈 수 있는 도덕적 사다리를 더 많이 제공해야 합니다. 그러나 부모님의 도움 없이 프로그램만으론 되지 않는다는 것도 인정해야 합니다. 정부가 가정의 텔레비전을 끌 수 없고, 아이들이 숙제를 하도록 만들 수는 없기 때문입니다. 그리고 아버지들이 더 큰 책임감으로 아이들에게 필요한 사랑과 지도를 베풀어야 합니다.

개인의 책임과 상호 간의 책임, 이것이 미국의 약속이 지닌 본질입니다.

그리고 다음 세대에 대한 우리의 약속을 미국 내에서 지키는 것처럼 나라 밖에서도 그 약속을 지켜야 합니다. 만약 존 매케인이 차기 군 통수권자로 일하는 데 누가 더 좋은 성품과 판단력을 가졌는지를 토론하길 원한다면 저는 이미 준비가 되어 있습니다.

(중략)

우리는 루스벨트 대통령을 배출한 당입니다. 우리는 케네디의 당입니다. 그러니 민주당이 이 나라를 지킬 수 없다고 말하지 마십시오. 민주당은 우리를 안전하게 만들어줄 수 없다고 말하지 마십시오. 부시와 매케인의 외교 정책은 민주당과 공화당이 여러 세대를 거쳐 쌓아온 유산을 낭비해 버렸습니다. 그래서 그 유산을 복원하려고 우리가 여기에 있습니다.

군 통수권자로서, 저는 이 나라를 수호하는 데 절대 주저하지 않을 것입니다. 하지만 명확한 사명과 신성한 책임감이 필요한 곳에만 전쟁을 치르는 데 필요한 무기를 제공할 것이고, 우리의 군대를 위험한 전쟁에 투입할 것입니다. 그리고 그들이 귀환했을 때 그들에게 필요한 보살핌과 혜택을 제공할 것입니다.

저는 이라크에서의 전쟁을 책임지고 끝낼 것이며, 아프가니스탄에서의 알카에다, 탈레반과의 싸움도 종식시킬 것입니다. 우리 군대를 미래의 위협에 대처하도록 재건하겠습니다. 또한, 저는 강력하고 직접적인 외교 정책을 새롭게 만들 것이며, 이를 통해 이란이 핵무기를 갖는 것을 막고, 러시아의 침공을 억제할 수 있을 것입니다. 저는 테러리즘과 핵 확산, 기아와 대량 학살, 기후 변화와 질병 등 21세기의 위협을 이겨낼 새로운 협력 관계를 구축할 것입니다. 그리고 우리의 도덕적 위상을 회복할 것입니다. 그리하여 미국이 다시금 자유를 찾는 모든 사람, 평화로운 삶을 꿈꾸며 더 나은 미래를 원하는 모든 사람의 최후의 보루이자 최고의 희망이 될 수 있도록 하겠습니다.

(중략)

　미국이여, 우리는 후퇴할 수 없습니다. 할 일이 너무 많은데 후퇴할 수 없습니다. 가르쳐야 할 많은 아이들, 그리고 보살펴야 할 많은 퇴역 군인들이 있는데 후퇴할 수 없습니다. 바로잡아야 할 경제, 재건해야 할 도시, 그리고 보호해야 할 농장이 있는데 그럴 수 없습니다. 보호해야 할 많은 가정, 치유해야 할 많은 삶 때문에 후퇴할 수 없습니다. 미국이여, 우리는 후퇴할 수 없습니다. 우리는 홀로 나아갈 수 없습니다. 지금 이 순간, 이 선거에서, 우리는 미래로 나아가기 위해 다시 한 번 맹세해야 합니다. 우리가 고백하는 소망을 굳게, 그리고 예외 없이 지켜 주는 그 약속, 미국의 약속과 성경의 말씀들을 지키도록 합시다.

　감사합니다. 하나님, 저희를 축복해 주십시오. 미합중국을 축복해 주십시오.

03 2008년 미국 대통령 선거 대통령 당선 연설

아직도 미국이 무한한 가능성의 나라라는 것을 의심하는 사람이 있다면, 아직도 이 나라의 선조가 꾸었던 꿈들이 살아있는가에 대한 의문을 품은 사람이 있다면, 그리고 민주주의의 힘을 믿지 못하는 사람들이 있다면, 오늘이 그 모든 의문에 관한 답입니다.

투표소였던 학교와 교회들을 휘감았던 긴 줄들, 역사상 유례없던 최다 투표율, 세 시간이고 네 시간이고 투표하기 위해 기다렸던 사람들, 바로 지금이 변화의 시기이며 자신의 목소리가 바로 그 변화라는 굳은 믿음 아래 인생 처음으로 투표했던 사람들, 이 모두가 사람들이 품었던 의문들에 대한 답입니다.

젊은이, 늙은이, 빈자, 부자, 민주당, 공화당, 흑인, 백인, 라틴계 미국인, 동양인, 아메리카 인디언, 동성애자, 이성애자, 장애를 가진 자들, 장애가 없는 자들 – 우리 모두가 사람들이 품었던 의문들에 답했습니다. 오늘은 세계에 미국은 단순한 개개인의 집합이나 붉은 주공화당와 푸른 주민주당의 집합이 아닌 통일된 미국이라는 것을 알리는 전보와도 같았습니다.

오늘은 우리가 이룰 수 있는 일들에 대해 조금 더 냉소적이 되어야 한다고, 걱정해야 한다고, 그리고 우리가 가진 것에 대해 의심을 품어야 한다고 계속하여 세뇌당했던 평범한 자들마저 역사의 기다란 호에 손을 얹어 미래에 대한 희망을 향해 그 길을 꺾은 날입니다. 이것이 우리의 답입니다.

이 길에 오기까지는 오랜 시간이 걸렸지만, 우리가 이 중요한 시기에 오늘 밤 선거에서 내린 결정 때문에 미국은 변화할 것입니다.

저는 방금 매케인 의원님께 굉장히 기품 있는 전화를 받았습니다. 그는 이 캠페인에서 오랫동안 열심히 싸워 주셨으며, 그가 사랑하는 이 국가를 위해서는 더욱이나 오랫동안 열심히 싸워 주셨습니다.

저는 이 긴 여행 동안 함께 해 주었던 동료이자, 가슴으로부터 이 캠페인을 이끌며, 그가 자랐던 스크랜턴 거리의 모든 분을 대표해 서슴없이 자신의 주장을 펼쳤던, 미합중국의 부통령 조 바이든에게 감사를 표하고 싶습니다.

지난 16년 저의 가장 친한 친구이자 우리 가족의 든든한 기반, 제 인생의 모든 것을 바쳐도 좋을 사람, 그리고 우리 국가의 퍼스트 레이디 미셸 오바마가 아니었다면 저는 이 자리에 서지 못했을 것입니다. 사샤와 말리아, 정말 사랑한다. 그리고 백악관으로 이사 가는 날 강아지를 선물할 것을 약속한다.

더는 우리와 함께 있지는 않지만, 저의 할머니께서 우리를 지켜보고 있음에 한 치의 의심도 없습니다. 저를 이 자리에 서게 해준 가족들도 말입니다. 오늘 밤 제 가족들이 이 자리에 함께하지 못한 것이 무척 아쉬우며, 제가 그들에게 진 빚이 헤아릴 수 없을 만큼 크다는 것을 알고 있습니다.

하지만 모든 것을 제치고, 저는 이 승리가 국민 여러분의 것이라는 사실을 강조하고 싶습니다.

저는 단 한 번도 이 자리에 서기에 가장 유력한 후보로 꼽혔던 적이 없습니다. 저희가 시작할 때에는 돈도, 자원금도 충분치 못했습니다. 저희 캠페인은 워싱턴의 회의장에서 탄생하지 않았습니다. 이 캠페인은 데스 모인즈의 평범한 가정의 뒷마당, 콩코드의 거실, 그리고 찰스턴의 앞뜰에서 탄생했습니다.

제 캠페인은 열심히 일하는 국민 여러분이 근근이 모아 두었던 돈 5불, 10불, 그리고 20불씩 기부하며 시작되었습니다. 제 캠페인은 모두가 정치에는 무관심하다고 여겼던 우리의 젊은이들이 힘을 모아 무럭무럭 자라게 되었습니다. 이분들은 자신의 가정과 가족을 떠나, 월급도 적고 잠도 제대로 잘 수 없는 환경에서 열심히 일해 주었습니다. 그다지 젊지 않은 자들도 뼈에 사무치게 추운 날씨도, 타들어갈 것 같이 더운 날에도 전혀 알지 못하는 사람들의 문을 두드리며 제 캠페인을 키워 주었습니다. 제 캠페인을 위해 봉사하고, 체계적으로 행사들을 조직한 수백만 명의 미국인들, 그들은 링컨 이후 200년이나 지났어도 국민의, 국민에 의한, 국민을 위한 정부는 사라지지 않았음을 입증하는 산증인들입니다. 이것은 당신들의 승리입니다.

저는 국민 여러분이 단지 선거에 승리하기 위해, 그리고 단지 저를 위해 이 모든 희생을 하지 않았음을 알고 있습니다. 당신들은 앞으로 우리에게 주어진 과제들이 얼마나 엄청난지를 알고 있기 때문에 이 모든 일들을 해냈습니다. 오늘은 우리의 승리를 축하하지만, 내일이 가져올 시련이 우리 평생에서 가장 크다는 것을 알고 있습니다. 현재 미국은 두 개의 전쟁, 위기에 처한 환경, 그리고 현세기 이래 가장 큰 금융 위기를 앞에 두고 있습니다. 오늘 밤 우리는 이 자리에 서 있지만, 지금 이 시각에도 우리 모두의 안전을 위해 아프가니스탄의 험한 산지와 이라크의 사막에서 깨어나 목숨을 걸고 싸우고 있는 용감한 미국인들이 있다는 것을 잊어서는 안 됩니다. 아이들이 잠든 후에도 담보 대출 때문에, 혹은 의료보험 때문에, 혹은 교육비 때문에 뜬눈으로 밤을 지새우는 부모들이 있다는 것을 잊어서는 안 됩니다. 우리는 앞으로 새로운 에너지원을 개발하고, 새로운 직업을 창출하고, 새로운 학교들을 짓고, 우리를 협박하는 자들과 싸우며, 우리의 동맹 국가들과의 결맹을 더욱 강화해야 할 것입니다.

앞으로의 우리가 나아가야 할 길은 길고도 험난합니다. 우리가 그곳에 1년, 2년, 혹은 제 임기가 끝날 때까지도 달성할 수 있을지는 모르겠습니다. 하지만 미국인 여러분, 저는 오늘만큼 틀림없이 우리가 그 길의 끝에 무사히 도착할 수 있을 것이라는 희망에 찼던 적이 없습니다. 저는 여러분에게 우리 모두 함께 그곳에 도착할 것이라고 약속합니다.

분명히 좌절도 있을 것이며 실패도 있을 것입니다. 제가 대통령으로서 내리는 결정에 반대하는 자들도 있을 것입니다. 우리 정부가 모든 문제를 해결할 수 있을 것이라고 생각하지 않습니다. 하지만 저는 우리에게 닥친 난제들에 관한 한은 여러분에게 항상 솔직할 것을 약속합니다. 여러분의 의견에 귀를 기울일 것이며, 특히나 우리의 의견이 충돌할 때에는 더더욱 귀 기울여 들을 것을 약속합니다. 모든 것에 앞서서, 저는 국민 여러분이 저와 함께 지난 221년 동안 미국이 그래 왔던 것처럼 판자 하나하나, 벽돌 하나하나, 그리고 여러분의 거친 손 하나하나로부터 미국을 재건하는 작업에 참여할 것을 부탁드리고 싶습니다.

(중략)

미국인들이여, 우리는 너무나도 많은 것을 이루었습니다. 너무나도 많은 것을 보았습니다. 하지만 앞으로 해야 할 일들이 아직 많이 남아 있습니다. 그러니 오늘 밤, 우리 모두 자문해 봅시다. 우리의 아이들이 자라 다음 세기를 보게 된다면, 혹은 제 딸들이 앤 닉슨 쿠퍼 씨만큼 오래 사는 행운을 누릴 수 있다면, 그녀들은 무슨 변화를 목격하게 될까요? 우리는 어떠한 발전을 이루었을까요?

이제는 우리가 그 질문에 답할 차례입니다. 바로 지금이 우리의 순간입니다. 우리의 시간입니다. 우리의 시민이 다시 열심히 일 하고 아이들을 위해 기회의 문을 활짝 열어야 할 시기입니다. 다시 부를 축적하고 평화의 가치를 널리 이룩해야 할 시기입니다. 아메리칸 드림을 다시금 재생하고 우리의 변하지 않는 진실을 다시 인지해야 할 시기입니다. 우리는 다수이지만 하나라는 진실을 말입니다. 우리가 살아 숨을 쉬는 한 우리는 꿈을 꿉니다. 의심과 냉소 앞에서, 우리에게 안 된다고 말하는 자들 앞에서, 우리는 모든 자들의 영혼을 하나 되게 하는 그 불변의 가치로 답할 차례입니다.

　우리는 할 수 있습니다.

　감사합니다. 부디 하나님의 가호가 당신의 가정과 미합중국에 있기를.

04 ２００９년 대통령 취임식 연설

　저는 오늘 우리의 당면 과제를 생각하며 겸허한 마음과 여러분이 보여주신 믿음에 감사하는 마음을 가지고 우리 조상의 희생을 기억하며 이 자리에 섰습니다. 나라를 위해 봉사하신 부시 대통령께 감사를 드립니다. 정권 이양 기간 동안 보여준 관대와 협력에도 감사드립니다. 지금껏 44명의 대통령이 취임 선서를 했습니다.

　번영과 평화의 절정기에 취임 선서를 한 적도 있지만, 어려운 시기 한복판에서 취임 선서를 한 적도 많았습니다. 오늘날 미국을 움직이는 것은 고위급 인사들의 기술이나 비전이 아닙니다. 선조의 이상에 충실하며 건국 이념을 성실히 지켜온 국민이 그 주인공입니다. 이제까지 그래 왔고 현세대도 다음 세대도 그래야 합니다. 우리가 지금 위기의 한가운데 있음은 다 아는 사실입니다.

미국은 광범위한 폭력과 증오에 맞서 전쟁을 하고 있으며, 우리 경제는 일부의 탐욕과 무책임의 결과로 대단히 약화되어 있을 뿐 아니라 새로운 시대를 위한 선택과 준비를 하지 못한 결과 어려움에 빠져 있습니다. 주택 압류, 해고, 사업 실패, 값비싼 의료비, 과다한 낙제생, 매일 같이 접하는 소식들은 우리의 에너지 사용법이 적을 키우고 지구를 위협함을 증명합니다. 이런 것들이 위기의 지표입니다. 정보와 통계들에 따른 것입니다. 측정하기 어려우나 의미심장하게 미국 전역의 자신감이 약화되었습니다. 미국의 쇠퇴는 불가피하며 차세대는 시야를 낮춰야 한다는 두려움이 있습니다. 오늘 저는 여러분께 우리가 직면한 도전은 현실이며, 심각하고도 많다고 말하겠습니다. 쉽게 대처할 수 없으며 단기간에 해결할 수 없습니다. 하지만 여러분 명심하십시오. 결국은 해결될 것입니다.

오늘 우리는 두려움 대신 희망을, 갈등과 반복 대신 목적이 이끄는 통합을 선택했기에 여기에 모였습니다. 오늘 우리는 불만, 그릇된 약속과 비난 , 진부한 교리가 끝났음을 선언합니다. 우리 정치는 너무 오랫동안 그런 것들에 매여 있었습니다. 우리는 여전히 젊은 나라입니다. 그러나 성서의 말에 따라 유치한 일은 제외해야 할 때입니다. 우리의 인고 정신을 재확인하여 더 나은 역사를 선택하고 나가야 할 때입니다.

모든 사람이 평등하고 자유로우며 행복을 추구한다는 천부의 약속을 지킬 때입니다. 미국의 위대함을 재확인함에 있어 그 위대함이 거져 온 것이 아님을 압니다. 노력하여 얻었을 테죠. 우리의 여행은 결코 지름길이 아니었습니다. 마음 약한 이들의 길이 아니었습니다. 일보다 한가함을 좋아하고 부와 명예의 즐거움만 좇는 사람들의 길이 아니었죠. 그보단 위험을 감수하고 행동하고 만들어 내는 사람들의 길이었습니다. 일부 유명한 사람도 있었지만, 대부분이 알려지지 않은 사람들의 노력으로 번영과 평화로 가는 길고 거친 길을 우리가 걸어올 수 있었습니다. 우리를 위해 그들은 얼마 안 되는 짐을 꾸려 새 삶을 찾아 바다를 건넜습니다.

우리를 위해 그들은 공장에서 뼈 빠지게 일하고 서부에 정착해 고난을 견디며 척박한 땅을 일궜습니다. 우리를 위해 그들은 콩코드, 게티즈버그, 노르망디, 베트남 등지에서 싸우다 전사했습니다. 몇 번이고 이들이 투쟁했고, 희생했고 맨손이 될 때까지 일했기에 우리가 더 나은 삶을 살고 있습니다. 이들은 개인들의 야망을 합친 것보다 더 큰 미국을 보았고, 다양한 태생, 부 또는 파벌들보다 더 위대한 미국을 보았습니다. 바로 이것이 우리가 계속 걸어야 할 길입니다.

미국은 여전히 지구 상에서 가장 번영하고 강한 나라입니다. 미국 근로자들의 생산성이 현 위기의 시작 때보다 줄어든 것은 아닙니다. 우리의 생각이 덜 창조적이거나 우리의 상품, 서비스가 필요없어진 것이 아닙니다. 지난주, 지난달, 작년보다 말입니다. 우리의 능력은 줄어들지 않았습니다. 그러나 과거에 집착하고 옹색한 이익을 보호하고 힘든 결정을 유보하던 시기는 확실히 지나갔습니다.

오늘을 시작으로 기운을 내서 새로운 미국을 만들기를 시작해야 합니다. 어딜 보건 간에 해야 할 일이 많습니다. 현 경제 상황은 대담하고 신속한 행동을 요구하고 있습니다. 새로운 일자리와 신성장 동력을 만들어 가야 합니다. 도로와 다리를 건설하고 전선과 통신망을 놓아 상업을 지원하고 우리를 한데 묶을 것입니다. 의료의 질과 비용 절감을 위해 기술을 이용할 것입니다. 자동차와 공장의 연료로 태양열, 풍력, 지력을 이용할 것이며 각급 학교를 변화시켜 새로운 시대의 요구에 부응할 것입니다. 이 모두 우리가 할 수 있는 일이며 할 일입니다.

우리의 야망에 대해 의문을 던지는 사람들이 있습니다. 우리 시스템이 너무 많은 계획을 감당할 수 없다고들 합니다. 이들은 기억하지 못하나 봅니다. 이 나라가 이미 이루어 낸 것들을 잊어버렸나 봅니다. 상상이 공동의 목적과 만날 때 필요가 용기와 결합할 때 이루어 낸 것들을 말합니다. 회의주의자들이 깨닫지 못한 것은 상황이 바뀌었다는 것입니다.

　오랜 기간 우리를 지치게 한 진부한 정치적 투쟁은 더는 용납되지 않습니다. 오늘날 우리가 던지는 질문은 큰 정부냐 작은 정부냐가 아니라 정부가 기능을 하느냐입니다. 수입이 좋은 일자리를 얻게 해주는지, 적절한 보살핌과 품위 있는 퇴직을 보장해 주는지 말입니다. 그 답이 '예스'라면 우리는 계속 추진할 것입니다. 그 답이 '노우'라면 당장 중지할 것입니다. 공공재정 관리자들에게 책임을 물을 것입니다. 현명한 지출, 악습관 개혁, 투명한 사업을 위해서 말입니다. 그래야만 국민과 정부 간에 절대 필요한 신뢰를 회복할 수 있습니다.

　우리 앞의 문제는 시장이 선인지 악인지가 아닙니다. 부를 창출하고 자유를 확대하는 시장의 능력은 대단하지만 현 위기는 감독의 눈이 없으면 시장이 통제 불능이 된다는 사실을 상시시킵니다. 국가가 부유한 사람만을 위하면 오랫동안 번영할 수 없다는 점을 일깨우죠. 우리 경제의 성공은 항상 GDP의 규모에만 달린 것이 아닙니다. 번영이 미치는 범위와 준비된 모든 이에게 기회를 줄 수 있는 능력에 달려 있습니다. 자선 때문이 아니라 이 같이 공동의 선으로 가는 가장 확실한 길이기 때문입니다.

　(중략)

2012년 대통령 재선 연설 중에서

• 이번 선거에서 여러분은 우리의 길이 험하고 우리의 여정이 멀다 해도, 스스로 일으켜 세우고 다시 싸운다는 것을 다시 한 번 일깨워 줬습니다.

• 세상에 이렇다 할 업적을 남기기란 어렵습니다. 인내가 필요하고 헌신이 필요합니다. 그리고 많은 실패를 거쳐야 합니다. 문제는 이 실패를 피할 수 있느냐 없느냐가 아닙니다. 누구도 실패를 피할 수는 없기 때문입니다. 진짜 시험은 실패가 자신을 강하게 만드느냐, 아니면 모욕감을 줘서 무능하게 하느냐입니다. 다시 말해, 실패에서 배우고 참고 견뎌내기로 하느냐입니다.

• 최고의 순간은 아직 오지 않았습니다.

오바마의 연혁

- 1961년 8월 4일, 하와이 호놀룰루에서 버락 오바마 출생
- 1964년 친부의 하버드대학교 입학 이듬해 부모 이혼
- 1965년 친부의 케냐 귀국
- 1967년 어머니의 재혼 / 인도네시아의 자카르타 이주
- 1971년 하와이로 귀환 / 푸나호우 학교 입학
- 1972년 어머니 하와이로 귀환
- 1977년 어머니 인도네시아로 인류학 현지조사차 출국
- 1975년 로스앤젤레스의 옥시덴탈 대학 진학
- 1982년 친부 교통사고로 케냐에서 사망
- 1983년 동同대학을 졸업한 후 출판사에서 근무
- 1983년 학사 학위 취득
- 1985년 시카고로 옮겨 커뮤니티 오거나이저지역사회운동가 활동
- 1988년 하버드대학 법과대학원로스쿨에 입학
  3주 동안 유럽 여행과 5주간 케냐 여행
- 1989년 시들리 오스틴의 로펌의 부변호사로 일함
- 1990년 《하버드 로 리뷰Harvard Law Review》 첫 흑인 편집장 취임
  홉킨스 & 서터 로펌의 부변호사로 일함
- 1991년 법과대학원 수석 졸업 및 박사학위 취득 / 시카고의 법률사
  무소 취직
- 1992년 일리노이 주의 투표 프로젝트 감독
  하버드 로스쿨 동문이자 변호사인 미셸 로민슨과 결혼

- 1993년   시카고대학교 헌법학 강의
- 1994년   모친 하와이로 돌아오나 난소암으로 사망
- 1995년   자서전《내 아버지로부터의 꿈》출판
- 1996년   일리노이 주의회 상원의원 당선
- 1998년   상원의원 재선 / 장녀 마리아 탄생
- 2000년   민주당 연방 하원 예비선거경선에서 낙선
- 2001년   차녀 사샤 탄생
- 2002년   일리노이 주 상원의원에 3번째 당선
- 2004년   7월 27일, 민주당 전당대회 기조연설 '담대한 희망'

            11월 미연방 상원의원 당선
- 2006년   《담대한 희망》출판

            8월, 아버지의 고향 케냐 서부 키수무 방문
- 2007년   2월, 민주당 대통령 선거 입후보 공식 선언
- 2008년   1월 3일, 아이오와 주 예비선거 시작

            3월 4일, 힐러리와 후보 경합

            6월 3일, 대통령 예비선거 오바마 승리

            8월 27일, 민주당 전당대회에서 오바마 대통령 후보 지명

            8월 28일, 대통령 후보 수락 연설

            11월 4일, 대통령 선거 투표

            제44대 대통령 당선
- 2009년   1월 6일, 연방의회 개회 정식으로 선거 결과 발표

            1월 20일, 제44대 미합중국 대통령 취임

            10월 9일, 노벨평화상 수상
- 2012년   11월 8일, 미합중국 대통령에 재선

참고 문헌

- 고태성 특파원, 〈오바마가 이름을 배리에서 버락으로 바꾼 까닭은〉, 한국일보
- 김대우, 《이명박 효과》, 행복우물, 2008
- 김문성 외2, 〈공기업 CEO 낙하산 논란 재점화〉, 연합신문, 2008
- 김세형, 〈설득의 기술 꽉 막힌 성(性)벽을 넘다〉, 여성신문
- 김종현, 《검은 케네디 오바마의 리더십 10계명》, 일송북, 2008
- 박성래, 《역전의 리더 검은 오바마》, 랜덤 하우스, 2008
- 스티브 도허티, 《꿈과 희망-버락 오바마의 삶》, 송정문화사, 2007
- 우태희, 《오바마 시대의 세계를 움직이는 10대 파워》, 새로운 제안, 2008
- 버락 오바마, 《사람의 마음을 얻는 말》, 중앙 북스, 2008
- 버락 오바마, 《담대한 희망》, 랜덤하우스코리아, 2008
- 버락 오바마, 《내 아버지로부터의 꿈》, 랜덤하우스코리아, 2008
- 데이비드 멘델, 《오바마 약속에서 권력으로》, 한국과 미국, 2008
- 헤더 레어 와그너, 《열등감을 희망으로 바꾼 오바마 이야기》, 명진출판, 2008

세계를 이끌어 가는 미국 대통령

오바마 리더십

초판 1쇄 인쇄	2013년 5월 30일
초판 1쇄 발행	2013년 6월 5일
지은이	전도근
펴낸곳	BOOK★STAR
펴낸이	박정태
출판등록	2006. 9. 8. 제313-2006-000198호
주소	경기도 파주시 문발동 파주출판문화도시 500-8 광문각 B/D 4F
전화(代)	031)955-8787
팩스	031)955-3730
E-mail	Kwangmk7@hanmail.net
	©2013, 전도근 ISBN 978-89-97383-12-2 978-89-966204-7-1(세트)
정가	12,000원

저자와 협의하여 인지를 생략합니다.
잘못 만들어진 책은 바꾸어 드립니다.